だいわ文庫

ビビらない技法

やさしいあなたが打たれ強くなる心理術

内藤誼人

大和書房

この本は、周囲に
「何事にも動じない図太い人」だと
〝思わせる〟ための本です。

常に「失敗」ばかりが
浮かんでしまい、
思いきって
動けない……

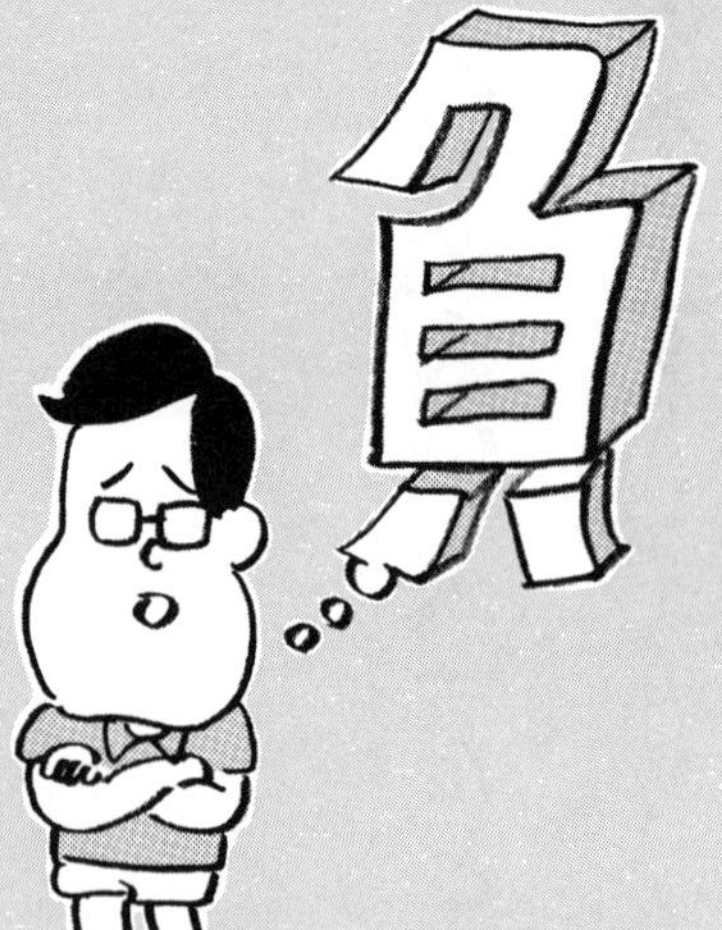

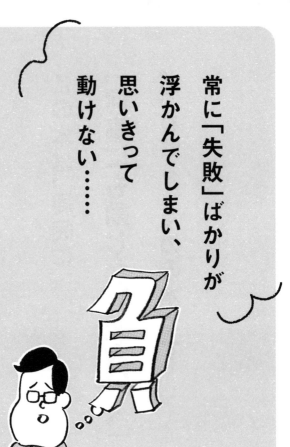

「相手の意見に流されてしまって、言いたいことが言えない……」

ビビってしまったことで、
あなたは多くのチャンスを逃してきたはず。
でも、それはあなただけではありません。
坂本龍馬も、ビスマルクも、バーナード・ショウも、
みんな〝**ビビり**〟だったのです。

彼らが偉人になれたのは、
周囲に**「図太い人」だと〝思わせた〟**から！
気弱、内気、臆病——
本書では、
こんなネガティブイメージをひっくり返す、
魔法のような心理テクニックを紹介しています。

どんな状況でも
ビビらないあなたを、
軽く扱う人はいなくなります！

人間は、誰でもみんな、気が弱い――はじめに

世の中には、気の弱い人と、強い人の2種類がいる……と一般に考えられている。

けれども、それは間違いである。

なぜなら、人間は、だれでもみな「気が弱い」からだ。

読者のみなさんは、「私は気が弱くて、言いたいことも言えない。ソンばかりしている」と不遇な自分を嘆いたり、「もっと気が強くなれたらなあ」と夢想しているのではないだろうか。

だが、そんなくだらないことで悩む必要はない。人間なら、だれでも大なり小なり「気が弱い」ということを知っておけば、そんなに気にならないものである。人間なら、等しく、みな〝ビビリ〟なのだ。

「でも、現実に、図太い神経を持っている人もいますよね？」

「でも、現実には、自信に満ち溢れている人もいますよね？」

読者のみなさんは、そう反論なさるかもしれない。

しかし、そうではない。

図太い神経を持っている人は、本当に神経が図太いのかというと、決してそんなことはなく、そう〝見える〟というだけの話なのである。

自信たっぷりな人もそうで、彼らは本質的な意味での自信家なのではなく、自信がありそうに〝見える〟、または〝人前ではそういう演技をしている〟というにすぎない。強そうに見える彼らだって、一皮むけば、立派な（？）気の弱い人でしかないのである。彼らは、どうにかこうにか、ごまかし、ごまかし、強い人間を演じているのである。

ポーランドのピアニストで名演奏者として知られたイグナツィ・パデレフスキーは、50年間もコンサートに出ていながら、いつも舞台恐怖に悩まされていたという。観客にはわからなかったかもしれないが、本人は、心臓がのどから飛び出てしまうのではないかというほど緊張していたのである。

辛口な批評で有名なバーナード・ショウも、実際は、大変なはにかみ屋だった。彼は、友人の家の前まで行きながら、呼び鈴を鳴らす勇気を奮い起こせず、何度も家の前を行ったり来たりしたという。

鉄血宰相と呼ばれたビスマルクも、子どもの頃には、メソメソ・クヨクヨした子どもだったそうだし、坂本龍馬も、臆病者で、寝小便ばかりしていたといわれる。

結局、世の中の人は、だれでも気が弱いのである。

気が強そうに見える人は、上手に本当の自分を見せないように偽装しているだけで、本当はみんな気が弱いのだ。「気の弱さ」の程度はあるかもしれないが、だれでも気が弱いという点では、五十歩百歩である。

気が弱い人は、「私は気が弱いんだ」という暗示を自分にかけている。

だから、人前に出ると、オドオドしたり、汗をかいたりする。声は震え、顔は真っ赤になる。そうやって〝自滅〟していくのが、気の弱い人の特徴である。

気の弱さ自体は、決して直ることはない。

だが、自分でおかしな暗示をかけて、自滅することとくらいは防ぐことができる。うまく隠して、だれにも気が弱いことを気づかれずにすますこともできる。

本書では、そういう心理テクニックについてご紹介していきたいと思う。

ビビらない技法　目次

Part 1

「マイナス思考」を止める法

Part 2

「物怖じしない人」がやっていること

Part 3

ナメられない話し方

Part 4

簡単に「図太くなる」心理テクニック

Part 5

〝ビビリ〟のあなたが心がける12のルール

Part 6

〝ビビリ〟を利用せよ！

Part 1

「マイナス思考」を止める法

1

あなたが気弱なのは「負の暗示」にハマっているから

●エルビス・プレスリーは「暗示」で死んだ!?

人間なら、だれでも多かれ少なかれ、みな気が弱いものである。とはいえ、その度合いが病的なほどに強い人がいることはたしかだ。

では、なぜ彼らは「人並み以上に気が弱い」のかというと、単純な話で、**自分が気弱になるような暗示を自分にかけているからである。**実力が発揮できないのも、才能が伸ばせないのも、自分で自分自身にブレーキをかけているからなのだ。

そういうブレーキを取っ払ってしまえばいいのに、なかなかそうできない。

ロックスターだったエルビス・プレスリーは、富も栄誉も手に入れたが、「自分は早死にする」という思い込みにとらわれていた。そういう暗示を自分にかけ続けていたのだ。

プレスリーは、自分の母親が早死にしたことに長いこととりつかれており、自分も早く死ぬのだと怯《おび》えつづけていた。彼は42歳のときに心臓発作で突然死するが、「年齢」も「死因」も母親とまったく同じであった。

人間の身体は、心の影響を受ける。

「自分は死ぬ」と思い込んでいれば、本当に死ぬのである。

気弱な人は、「自分は気弱だ」「強くなれるわけがない」「一生、このままだ」という思いにとらわれている。だから、気弱さが、どんどん強化されてしまうのである。

そういう思い込みをしているうちは、気弱さは絶対に直らない。

なぜなら、自分でも変わることがないと思っている人は、自分を変えることなど、思いもよらないからである。ちょっとした工夫をすれば、精力的で、アグレッシブで、パワフルな人間になれるのに、そうしないのである。

本書を手にとってくださった読者のみなさん。

気弱さなど、思い込みさえ取っ払ってしまえば、すぐにも直せるのである。

そういう自己暗示をかけなければ、今までの呪縛《じゅばく》から自分を解き放つことができるのだ。

私の知り合いの学生時代の友人は、「俺には、英語の才能がこれっぽっちもない。たぶん、絶対に英語なんて話せるようにならない。おかしな話だが、どんなに頑張っても俺は英語が話せるようにならないことに自信がある」と笑っていた。

そんな彼が、大学を卒業して商社に勤め、オーストラリアで仕事をすることになった。今では、英語がペラペラである。久しぶりに会ったときに、「なんだ、お前は英語は一生話せないんじゃなかったっけ?」と私が言うと、友達は頭をかきながら、「いやあ〜、ただの思い込みだったよ。半年もしたら普通に話せるようになった」と答えてくれた。自己暗示とは、そういうものなのである。

「私は、母親になんかなれない」と言っているギャル風の女の子でも、結婚して、子どもが生まれると、けっこう立派な母親になれたりするのも、結局は、つまらない自己暗示であることを物語っている。

人間は、変わろうと思えば、いくらでも変われる。

気弱な性格が、ずっと変わらないなどということはありえない。ちょっとしたコツを知っておけば、すぐにも変わることができるのだと思ってほしい。

2

負の思考には「反論思考法」が効果的

●貴乃花が、地方場所で結果を出せなかった理由

スポーツの世界でも、将棋の世界でも、もちろん、ビジネスの世界でもそうなのだが、はっきりと実力差があるから、勝負に負けるのではない。そういうこともあるのかもしれないが、非常に少ない。

たいてい、負ける人は、暗示にかかって、自滅して負けていくのである。相手が強いわけでも何でもない。ただ、自分のほうで負けるのである。

「何となく負けそう……」と思った瞬間に、私たちは負けの道を歩む。

なぜなら、「負けそう」という暗示が、何度も、何度もくり返し、自分自身の頭の中でリフレインされるからである。耳元で、ずっと「負けるぞ、お前は負けるぞ」と囁《ささや》かれつづけたら、勝てるものも勝てなくなるのは当然だ。

第65代横綱・貴乃花は、東京場所にはめっぽう強いが地方場所に弱いといわれていた。故郷である東京では強い。しかし、過去6回も優勝していたのに、なかなか横綱になれなかったのは、地方で簡単に負けていたからである。

では、なぜ貴乃花が地方で負けていたのかというと、そういう暗示を自分にかけていたからである。たまたま地方で調子が悪かったときに、「俺は、地方では勝てないんじゃないか」とふと考えてしまったにちがいない。いったん、そう思うと、私たちは、暗示の思考にとりつかれる。

スポーツ選手が、スランプに陥《おちい》るのは、だいたい同じメカニズムである。まったく根拠などないのに、いったんあるマイナスの思考にとらわれると、私たちは、そこから抜け出せなくなってしまうのだ。では、どうすればそういう暗示の呪縛から抜け出せるのかというと、**「反論思考法」**が有効である。

もともと思い込みには、何の根拠もないわけだから、その思い込みにとって反論となる事実をどんどんぶつけていけば、暗示にもかかりにくくなるのだ。

オーストラリアにあるタスマニア大学のテッド・トンプソンは、心配性で悲観主義的な人ばかりを集めて、4週間の「反論思考法」のトレーニングを受けさせてみた。

たとえば、「健康」について心配している人には、そういう心配が頭に浮かぶたびに、「私は、定期的に運動してるじゃないか」「食事にも気をつけてるじゃないか」「両親もピンピンしてるじゃないか」という具合に反論していけばよい、というやり方を教えてみたのである。

すると、いったん反論思考法を身につけた人たちは、悲観傾向が減少したという。反論のやり方さえマスターしてしまえば、心配事を吹き飛ばせるようになるのだ。

イヤな暗示にとりつかれそうになったら、すぐに反論をぶつけよう。

普段からトレーニングをしておけば、みなさんの心には影などささなくなる。

3

あなたが「緊張」する理由

●なぜ「知らない人」に会うのが怖いのか?

米国での話である。動物園から大きくて危険なクマが逃げ出したとニュース速報が入った。すると警察の電話は鳴りっぱなし。街中のいたるところから、クマを見たという通報が入ってきた。

だが、後の調査でわかったのだが、実際には、クマは動物園から100メートルと離れることはなかったのである。通報をしてきた多くの人たちは、実在しないクマを見た、と言っていたのであった。

では、彼らがウソをついていたのかというと、そうではない。

彼らは、実際に「クマを見た」のであろう。ただし、彼らの心が作り出した幻想のクマであるが。

私たちの脳みそは、心が作り出したイメージを、鮮明に視覚化する傾向がある。怯えている人には、柳でも本物の幽霊に見えてしまうのは、そのためである。

気弱な人は、出会う人すべてを「恐ろしいもの」という目で見る。勝手な自己イメージを作り出して、相手を巨大化する。だから、人に会うのが怖くてしかたがない。これも暗示だ。

シャモ（軍鶏）は、身体が小さいくせに、すさまじい攻撃性を持っている。なぜ、そんなに攻撃的なのかというと、シャモの眼球の構造はちょっと変わってて、何でも実物の5分の1くらいに小さく見えるのである。牛が犬くらい、馬が子猫くらいにしか見えない。

だから、闘鶏《とうけい》でシャモ同士が争うと、「こんなちっぽけなヤツに、俺様が負けるわけがない」とお互いに思い込み、血まみれになっても飛びかかっていく。

おもしろいのは牛である。牛の眼球構造は、シャモとはまるで逆になっていて、何でも5倍は大きく見えてしまう。ネコはトラに、小鳥がワシに見えるから、図体の割には、とても臆病なのである。

気弱な人は、牛と同じだ。

実際の大きさより、相手を10倍も、１００倍も大きく見ているのだから、怖くてしかたがない。自分が作り出した幻影に怯えるのも当然である。

気弱さを直したいのなら、まず相手を大きく見るのをやめることだ。

「相手だって、同じ人間じゃないか」
「相手を大きく見すぎていないか？」
「この人だって、自分と同じくらい弱いところがあるはず」

そうやって考えれば、相手を大きく見すぎたり、目くらましされることはなくなる。もともと相手が大きく見えるのは、自分が作り出した虚像にすぎないのだから、勝手なイメージで見るのをやめれば、相手が小さく見えるものなのだ。

4

「言い訳」は敗者を生む

●図太い人は「言い訳」しない

気の弱い人は、自分の思うようにいかなかったり、失敗したりすると、すぐに「言い訳」をするクセがある。

やれ、社会が悪い、政治が悪い、会社が悪い、上司が悪い、と言って自己弁護するわけである。

しかし、このような考え方は、「敗者の行動パターン」であると、生命保険のセールスマンから身を起こして巨万の富を築いた米国の経営者ポール・マイヤーは述べている。

なぜ、言い訳をしてはならないのか。

その理由は、他の人に責任をなすりつけているうちは、本気で「自分を変えよう」という気持ちにならないからである。

自分がうまくいかない理由が、他にあるのだと考えれば、自分では何も努力をする必要がない。

「俺の親は、中卒だし、頭が悪かったから、俺ができないのも当然」と考える受験生がいるとしよう。

おそらく彼は、本気で勉強をする気にはならないはずである。なぜなら、自分ができない理由は、「親」にあるのであって、「自分」にはない、という都合のいい自己弁護をしてしまうからだ。

南カリフォルニア大学のトーマス・デュバルは、失敗したときには、「自分の努力不足のせいだ」と考えたほうが、将来的には、自己を改善できると述べている。

うまくいかないときに、他の人に責任をなすりつけているうちは、人は変わることができない。

自分に責任がある、と考えなければ、いつまでも自己改善などできないのである。「私の父親も、母親も気が弱い人だから、まあ、私だってしょうがないさ」と考えてはダメである。

気が弱いこと自体は直せなくとも、少なくとも、「強そうな自分」を演じられるように、努力をしよう。

意識的に強い自分を演じる努力をしていると、演技力もアップする。

すると、気の弱いところは全然変わらないのに、他の人からは絶対に見抜かれないような演技ができるようになるのだ。

むしろ、気の弱い人のほうがコンプレックスを感じて、なおさらうまく強い人間を演じられるということもある。

とにかく、気が弱いことの原因を、自分以外のことになすりつけるのはやめよう。それが自分を改善するための必要条件なのだから。

5

あえて「嫌な状況」に自分を追い込む

●まず「人前で話す」ことから始める

気の弱さを克服するためには、ちょっとずつできることから努力するのではなくて、逆説的だが、いきなり自分を地獄の底に叩き込んでみるのもいいアイデアである。

だいたい、気が弱い人は、自分にマイナスの暗示をかけているから気が弱いのであり、嫌でもしゃべらなければならないような状況に自分を放り込むと、意外に「暗示の呪縛」から逃れることができるものである。

松本順さんの『自分に負けてなるものか』（知的生きかた文庫　三笠書房）には、作家のルー・サレットのエピソードとして、**ヘビが大嫌いなサレットは、わざと森や野原などに出かけ、何度となくヘビに遭遇して、ヘビに対する恐怖を克服したという話**

が紹介されている。

気弱な人は、なるべく人前で話すのを避けようとする。

しかし、そういう状況を避けようとすればするほど、さらに「自分は気が弱い」という暗示が強化されてしまうのだ。

もともと暗示に怯えているだけなのだから、実際に自分が話さなければならない状況になると、「なあんだ、たいしたことないや」と感じられることも少なくない。

自分では気弱だと思っていたのに、いきなり班長やリーダーに抜擢《ばってき》され、毎日の朝礼で、社員の前で話をするようになったところ、最初の数日こそ苦痛だったものの、そのうちスラスラと話せるようになった、という話はよく聞く。

気が弱いから逃げるのではなく、むしろ積極的に立ち向かえばよい。

友達の結婚式があれば、「僕にスピーチをやらせて」とお願いするのもいいし、会社の歓送迎会では、積極的に「乾杯の挨拶《あいさつ》をやらせて」とお願いしてみよう。そうやって自分を地獄に叩き込むようにすると、暗示の呪縛は消えてなくなる。

「いきなり地獄に放り込まれるのは、ちょっと……」

と思うかもしれないが、やってみれば意外にたいしたことがないことに気づく。

カウンセリングの一手法として、たとえば、潔癖症の人に、ゴミ箱の中に手を突っ込ませる、というのがある。潔癖症の人は、最初こそ嫌がるが、しばらく手を入れておくと、「なあんだ、全然たいしたことがない」と気づくようになる。

この手法は、**「フラッディング」**と呼ばれている。

フラッディングとは「洪水」の意味であるが、最初こそ洪水のような感情（不安、恐怖、緊張）が湧き上がるが、しばらくすると

人間は慣れてしまうのだ。最初だけ我慢すれば、後は気にならなくなるのである。

私も、実は、大変に気が弱いのだが、人前で話すことが苦痛でなくなった。

それは、数年前から大学の講師になって、否応《いやおう》なく大勢の学生の前で話をしなければならなくなったからである。そういう状況に投げ込まれると、人間は、けっこうそれに順応してしまうものらしい。

6

長所で短所を駆逐する

●自分の「短所」を忘れる方法

気が弱い人は、自分で自分のことをイジメている。自信がつかないよう、勇気を持てないよう、やる気を持てなくなるよう、自分で自分を追い込んでいく。

本当のみなさんは、もっと素晴らしい人なのである。

人に自慢できるところがいっぱいある、立派な人なのである。

にもかかわらず、自分で自分をイジメて、その能力や才能を発揮できないようにしてしまっているのだ。

イタリアにあるブレーシャ大学で精神医学を教えるファウスト・マナーラは、その著書『本当はタカなのにヒヨコだと思っているあなたへ』（草思社）

の中で、**たいていの人は本当はタカのような強さがあるのに、自分を弱いヒヨコだと思い込んでいると指摘している。**

私も、その通りだと思う。

短所ではなく、長所に目を向けよう。

「私は、鼻が低い」

「私は、物覚えが悪い」

と短所を見るのではなく、

「私は、だれにでも親切」

「私は、ブサイクだが、愛嬌《あいきょう》のある顔をしている」

というように、長所に目を向けるようにすると、自分イジメをしなくなる。自分を愛せるようになり、自分を大切に扱うようになる。

短所ばかり見せられていたら、自分に自信がなくなるのも当然である。したがって、短所には〝目をつぶる〟というか、なるべく見ないようにするのがよい。

みなさんは、本当は雄々《おお》しいタカなのである。

決して、だれかに庇護《ひご》されなければ生きていけないようなヒヨコではない。

『みにくいアヒルの子』という童話では、本当は、美しい白鳥なのに、周囲からさんざん悪口を言われて落ち込むアヒルの子（本当は白鳥の子）が登場するが、みなさんも自分の素晴らしい長所を潰さないようにしてほしい。

ある程度の年齢が来たら、短所を直すよりも、長所を伸ばそう。

30歳、40歳を過ぎたら短所を直すのは難しいかもしれないが、長所を伸ばすのはそんなに難しくない。

だから、短所のほうは少しだけ放っておいて、長所だけを伸ばそうとするのがよいアイデアではないかと思う。

長所に目を向けていると、短所のほうはけっこう忘れることができるものである。

自分にひとつでも素晴らしい長所があるとわかれば、それが自信の土台ともなるので、短所のほうは感じにくくなる、という効果もある。

7

「井の中の蛙」になれ

●自分より「下」の人間を探す

読者のみなさんは、自分よりも〝上の人間〟と自分を比べてはいないだろうか。

「○○さんは仕事ができる。それに比べて僕は……」

「○○さんはキレイなのに、私は……」

そうやって、自分よりも格上の人と自分を比べていたら、自分の小ささに嫌でも気づかされることになり、それが自分イジメにつながりやすい。気弱な人は、えてして自分より上の人と自分を比較しがちだ。そんなことをしているから、自信が持てないのである。

他の人と自分を比べるときには、〝格下の人間〟と自分を比べるようにするのがポイントである。

「俺は仕事ができないけど、後輩のあいつはもっとできない」

「私は鼻が低いけど、女芸人の〇〇に比べれば、ずいぶんマシよね」

そうやって、少しでも自分より下の人間と比べよう。**「井の中の蛙《かわず》」になっていい。それで自信が持てれば、こんなによいことはない。**少なくとも、自分イジメをするより、はるかに建設的である。

上の人と比べても、かえって自分に自信が持てなくなるだけである。だから、そんなことは絶対にしないほうがいいのだ。

カナダにあるライアソン大学のステファン・ワントは、76名の女子学生を半分にわけ、片方のグループには、とても魅力的な女性が登場するテレビ番組を見せた。それから、

「あなたの外見について、50点満点で満足度をつけてください」と求めてみた。ようするに、魅力が上の人と自分自身を比較させてみたのである。すると、彼女たちはみな自分の外見を不満に思うようになったという。

ワントは、残りの半分のグループには、魅力的な女性が出てくるテレビ番組を見せず、いきなり「あなたの外見の満足度は?」と尋ねてみた。こちらのグループでは、上の人間と比較をさせなかったのである。すると、こちらのグループでは自分の外見に対する満足度が高くなったそうだ(グラフ参照)。

みなさんより下の人はたくさんいる。

そういう人に目を向けるべきであって、自分よりも上の人間のことなど見なくていい。

自分より上の人と自分を比べないほうがいい

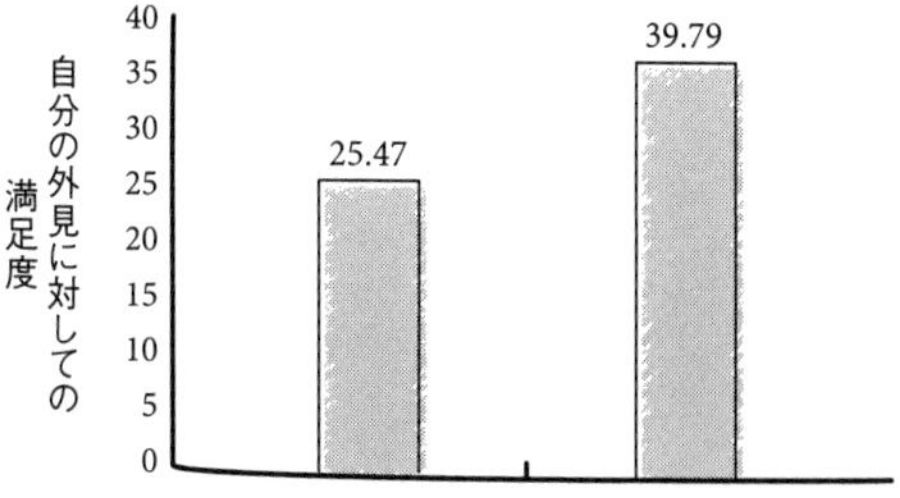

＊数値は50点満点

(出典:Want, S. C., et al.)

どうせ落ち込むだけだ。年収が３００万なのに、１０００万の人と比べていたら、自分の稼ぎに不満であろう。ところが、年収１００万の人と比較するようにしたら、ものすごく幸福でいられるのである。

8

「お守り」の心理学

●絶大な効果を発揮する「お守り」

気弱な人にとって、意外に効果的なのは、〝お守り〟である。彼らは、もともとネガティブな暗示を自分にかけつづけているものだが、その意味では、「暗示に弱い」といえる。

したがって、ポジティブな気分になることができる〝お守り〟を常備することによって、ポジティブな暗示を自分にかけるようにすればいいのだ。

せっかく暗示をかけるのなら、ネガティブなものではなく、ポジティブな暗示を自分にかけよう。

恋愛が苦手なら、アメジストのパワーストーンを身につけるようにするとか、精神的に弱いのなら、戦いに強くなるためのルビーのパワーストーンを持つようにするのである。**単なるお守りと、侮《あなど》ることなかれ。しっかり暗示をかければ、絶大な効果を発**

揮する。

もともと精神的に強い人は、そういう願掛けを鼻で笑うであろう。

彼らは、「自分の人生は、自分で切り開けるんだ」と信じているから、わざわざ怪しげなお守りなどに頼る必要がないのである。

けれども、気弱なみなさんは、もともと暗示に弱いところがあるのだから、せっかくの暗示をよい方向に利用してしまうことを考えよう。

ナポレオンは、精神的に強い人だと思われていたが、実は、とても気が弱かった。そのため、黒い布で作った小さなハート形のお守りをたえず身につけていたという。彼は、そのお守りをシャツとベストの間に入れておき、それをこっそりと触ることで自分を落ち着かせていたのである。

オランダ・エラスムス大学のマイケラ・シッパーズは、スポーツのトップ選手197名（サッカーや、バレー、ホッケーなど）を対象にした調査を行って、彼らのうちの80・3％が何らかの迷信行動をとっていることを明らかにした。

メンタルが強いといわれるトップアスリートでさえ、やはりお守りやジンクスに頼

るのである。

私は、科学者ではあるが、迷信を全然信じていないかというと、そんなことはない。私も、みなさんと同じように、気弱な人間であるから、自分を暗示にかけるための行動をたくさんとっている。

たとえば、風水の本に、「トイレをキレイにすると金運がアップします」と書かれていたので、毎日トイレ掃除をするようにしている。また、オフィスの玄関も明るくキレイにして、鏡などをおいて仕事運をアップさせるようなこともやっている。

「どうせそんなことをしても何も変わらないよ」と思うかもしれないが、何もやらないよりは、何かをやっていると、それが暗示の力となって影響する。

私は、もともと弱い人間だから、運を引き込むような行動をとっていれば、それなりに「これで俺はうまくいく！」という思い込みを強化できるのである。

気弱なみなさん。

どうせなら、ポジティブな暗示を自分にかけてほしい。

ポジティブな方向に自分の「暗示への弱さ」を利用したほうが、トクである。

9

「自分を変える」タイミング

●「自分を変える時期」とはいつなのか

勇気をもって何かを始めようというときには、タイミングが重要だ。

どうでもいいタイミングでスタートすると、いまいちやる気が盛り上がらず、三日坊主になりかねないからである。

では、どのタイミングがもっとも効果的かという話になるわけだが、人によっては「元日」と答えるかもしれない。新年を迎え、書初《かきぞ》めなどをして決意を新たにできるからというのがその理由らしいのだが、本当なのだろうか。

私がおススメするタイミングは、もうちょっと遅くて「春」だ。

3月から4月になって、陽気がぽかぽかしてくると、気分も昂《たか》ぶる。そういう季節のほうが、何をスタートするにもいいのではないか。

「ようし春だから頑張るか！」

そう自分に言い聞かせれば、いつも以上の思いきりのよさややる気が湧いてくる。元日があまりタイミング的に向いていないと思うのは、まだまだ冬の最中で、寒いからである。私たちは、寒いところではそんなにやる気が出ない。

だから、新たな決意を抱き、実行するためには、もうちょっと暖かくなってからのほうがいいのである。

どんなに勇気がない人でも、季節が「春」のほうが、何でもやってやろう、という気持ちは多少なりとも強くなっているはずで、そういうタイミングでスタートを切れば、自分を改善することができるのではないかと思われる。

もちろん、私がそうアドバイスする根拠もある。

ナポリ大学のジウセッペ・バルバートは、イタリアでもっとも権威ある文学賞の候補者33名の作家を対象に、「あなたは、いつ仕事の調子が出ますか？」と質問したことがある。

その結果、もっとも調子が出るのが、春から夏にかけてであったという。この時期に、「一番調子がいい」と答える人が多かった。

また、多くの人がこの時期には、**「睡眠が少なくても大丈夫」と答えたという。**

やはり、何かを始めるのは、暖かい時期。

春か夏がおススメなのは、そういう理由である。

ちなみに、4月というのは、新人が入ってきたり、人事異動があったりして、組織自体も生まれ変わるタイミングである。それまで、あまり人と馴染《なじ》んでこなかったとしても、「春だから」と自分に言い聞かせて、積極的に話しかけてみるのはどうだろう。

最初は、周囲の人たちもみなさんの変化にとまどうかもしれない。

だが、2、3日もすれば、みなさんがよい方向に変わったことを素直に受け入れてくれるであろう。

せっかくの決意もタイミングを間違えると、失敗しやすくなる。

何かを始めるときには、季節の影響も考慮しよう。人間の心理は、そういうちょっとしたことにも影響を受けるのだ。

10

「思考停止法」で負の流れを止める

●マイク・タイソンが倒れない理由

かつてボクシングの元ヘビー級チャンピオンのマイク・タイソンが来日したとき、記者の一人が、「あなたはボクシングを始めてからダウンしたことはありますか？」と質問したことがある。

このとき、トレーナーのケビン・ルーニーは間髪をいれずに、「あるわけないだろ。これからもない。タイソンは倒れもしないし、負けもしないんだ！」と答えた。

なぜルーニーが、そんなに強気な発言をしたのかというと、タイソンに少しでも過去のことを思い出させて試合前に自信を失わせたくなかったからだ、と後日になって本人が語ったそうである（高橋慶治著『メンタルトレーニング』ナツメ社）。

ほんの少しでも「負け」を考えると、試合には負

ける。

だから、もしそういう思考が頭に浮かんだりしたときには、ルーニーがやったように、すぐに打ち消さなければならない。そうしないと、暗示に負けてしまう。打ち消すのが難しいときには、思考停止をしよう。

「あっ、こういう考えはダメなんだった！」

「危ない、危ない、またヘンなことを考えちゃうところだった！」

とすぐに思考停止をするのがコツである。

とはいえ、自分の意志力だけで思考停止するのは、なかなか難しいかもしれない。うまく思考停止ができないのなら、何らかの動作を加えてもよい。

どの本に書かれていたのかちょっと忘れてしまったが、**手首に輪ゴムをつけておいて、マイナス思考が浮かびそうになるたびに、その輪ゴムを引っ張って、パチンと鳴らすとよい、とアドバイスしてあるものがあった。**

輪ゴムを鳴らすときに、「もう、マイナスの考えをやめた」と自分に言い聞かせるのだそうである。

このやり方も、思考停止法である。
他にも、思考停止法には、

○その場を離れて、トイレにでも行く
○水を飲む
○タバコを吸う
○ガムを噛む
○顔を洗いに行く

などの方法がある。「もう、この考えをやめよう」と自分に言い聞かせるだけで思考停止できないときには、何でもいいから〝儀式〟のような行動をしてみるといい。

手首の輪ゴムをパチンと鳴らすとか、水を飲む、などをすれば、思考も停止する。

11

「嫌なことだけ考える時間」をつくる

●徹底したネガティブは、ポジティブへの近道

「思考停止法」なども効果がなく、どうしてもマイナス思考が頭から離れないのなら、いっそのこと時間を決めて、悩みに悩みぬいてみるのもいいだろう。

「俺なんて、虫けらだ」
「どうせ、もうすぐ死ぬんだ」
「だれも、僕なんか相手にしてくれないんだ」

というマイナス思考が頭に浮かんだら、**それを打ち消すのではなく、むしろそういうことを積極的に考えてみるのである**。ただし、時間を区切ってやるのだ。一日のうち、30分くらいが適当であろう。

メンタル・サイエンスの研究で知られるアメリカのロイ・U・デーヴィス博士は**「人生のリバウンド効果」**を提唱している。

簡単にいうと、「テニスボールを軽く落とすと、少ししか跳ね返らないが、強く落とすと、高く飛び上がる」という理論で、中途半端に悩むのではなく、思いっきり悩んでみると、むしろその後の気分は高まって爽快になるというのである。

「イヤなことは考えまい……」と思考停止をしようとしても、現実には、なかなか難しいかもしれない。

それならば、いったん自分を地獄の底に叩き落としてみるのだ。

思いきり、悩んで、悩んで、悩みぬけば、逆に、「バカバカしい。どうして、こんなことに悩まなきゃいけないんだ」と思えるようになる。

普通の人は、マイナス思考が不快なため、避けよう、避けようとする。

しかし、避けようとしてもどうせ考えてしまうのがオチなのだから、それなら避けるのではなく、むしろマイナス思考で頭をいっぱいにするのである。

すると、マイナス思考をしている自分が馬鹿らしくなり、積極的な気分へリバウンドするのである。

そういえば、気分が落ち込んだときには、明るい感じの曲ではなく、むしろ暗い感じの曲を聴いたほうが、気分が落ち着くことも知られている。

暗い気分なのだから、明るい曲で気分を吹き飛ばしたほうがいいのかというと、そうではない。むしろ暗い曲を聴いたほうが、不思議なことに心は軽くなるのである。これは、音楽療法というカウンセリングのひとつで実践されている。

ダラダラと、マイナス思考に悩むのが一番よくない。考えたり、考えなかったり……というのをくり返すのではなく、深く思い悩んでみるのも意外に効果的だ。

ただし、ここで大切なのは時間を区切ってやる、ということである。

さすがに何時間もマイナス思考を続けていたら、自分がイヤになってしまうので、せいぜい30分から40分くらいの時間を設定しよう。

そしてその時間に合わせて時計のアラームを鳴らすのだ。ジリリ……とアラームが鳴ったら、すぐに考えるのをやめ、「さあ、気分がスッキリした！」と自分に言い聞かせ、終了するのである。

Column 1

「あがり症」は少しの運動で治る！

緊張してどうにもならないときには、少し身体を動かしてみるといい。身体を動かして、少し汗ばむくらいの状態になれば、自然と緊張をほぐせるからである。

たとえば、大事な商談の日の朝には、少しジョギングをしてみるとか、タクシーを使って相手先の会社に行くのではなく、駅から回り道をして歩いてみるとかして、身体を動かすのである。そうすれば、心のこわばりがとれて、リラックスできる。

生理学者のアムッセンは、「ウォーミング・アップの主役を演じるのは、体温の上昇である」と述べているが、体温を上昇させると、心も身体もリラックスするのである。

プロ野球のピッチャーは、いきなりマウンドに立ったりしない。

きっちり投げ込んで、身体を温めてから（野球では「肩を温める」と表現するが）、マウンドに立つ。そうしないと実力が出せないからである。

何もせず、じっとしていたら余計に緊張が高まる。

「今日は、大事な商談があるから、商談前にパワーを使わないようにタクシーを使う

か」
と思う読者がいるかもしれない。けれども、それは逆効果だ。

むしろ、ちょっと早めに相手先のそばまで行き、しばらく周囲を歩き回ったほうが緊張はとれる。身体を動かせば、心も躍動してくるのである。

イギリスにあるコベントリー大学のジェマ・エドムンズは、フィットネスクラブの会員を対象に、運動した後での心理的な効果を調べてみたところ、しっかり運動をした人は、「自分は有能である」という気持ちや、内的な意欲の高まりが確認されたという。

身体を動かすことには、いろいろとメリットがある。

私は、もともと歩くのが好きだというのもあるが、たとえば講演会に出向いたときにも、時間があるときには、会場のそばをフラフラ歩いている。講師控室のようなものは準備されているのだが、そんな場所に座ってお茶などを啜《すす》っていたら、緊張してどうにもならなくなる。それにまた、言葉に勢いが出てこない。身体を動かし、体温を上昇させたほうが、「さあ、やるぞ!」という意欲が湧いてきて、積極的な心持ちになれる。

仕事中にも、身体を動かすのが嫌で、腰が重い人は、表情も暗い。そういう人は、声も小さいし、ようするに元気がない。その点、フットワークが軽くて、身体をたえず動かしているような人は、すべての面で積極的だ。

身体を動かそう。

身体を動かさないから、いまいち気分がノッてこないのだ。身体を動かせば、心もウキウキしてきて、何に対しても前向きな気持ちで挑むことができるだろう。

Part 2

「物怖じしない人」がやっていること

12

「離れて話す」と嫌われる

●勇気を出して「近寄る」

私は心理学者なので、相手がどれくらい気が弱い人なのかを、瞬時に見抜くことができる。では、どこに注目して見抜くのかというと、私との距離だ。

気が弱い人は、あまり私に近づこうとしない。並んで歩くときにも、なるべく離れて距離をとろうとするし、一緒にしゃべっていても、前のめりになるというよりは、むしろ後傾姿勢をとって、なるべく私との距離をとろうとする。

そういう人は、たいてい気が弱い。こちらがちょっと押すと、すぐに引いてしまうようなタイプである。

積極的な人間をアピールしたいのであれば、この逆をすればいい。

つまりは、もっと相手に近づくわけである。

「もっと近寄ろう」

「もっと頑張ってみよう」

とたえず自分を叱咤《しった》し、頑張ってみてほしい。相手に近寄れば近寄るほど、みなさんが、本当は気の弱い人間だとは気づかれないはずだ。

ノースウェスタン大学のミルズ・パッターソンは、48名の大学生をペアにして、キャンパス内のトピックについて話し合うという実験を仕組んだことがある。

ただ、その際に、2人の間の距離を、2フィート（約60センチ）、4フィート（約122センチ）、6フィート（約183センチ）、8フィート（約244センチ）とさまざまに変えてみた。

すると、お互いに近いところに座っておしゃべりしたときに、「この人は明るい人だ」「この人は、友好的な人だ」というイメージを与えたという。

逆に言うと、相手と離れておしゃべりをすると、おしゃべりの内容にかかわらず、暗くて、陰気なイメージを与えてしまうのだ。

気が弱い人は、あまり相手に近づくと、心理的に苦痛なため、あえて距離をとろうとするのであろうが、そこは我慢して近づいてみるべきである。

なるべく顔を突き合わせるようにしておしゃべりするのがコツである。そういう努力をしていれば、みなさんが気の弱い人だとは、だれも思わなくなる。

就職の合同説明会などのときにも、なるべく前のほうの席に座るとよい。なぜなら、前に座っているということだけで、ものすごく前向きで、やる気に満ち溢れた人に見えるからである。

後ろのほうに座って話を聞く人は、本人は慎《つつし》み深いのかもしれないが、やる気がなさそうに見えて、人事担当者のウケもよくない。

気が弱い人は、もっと相手に近づかなければダメである。

どんどん前に出ていこう。それだけで、みなさんはプラスの印象を与えるはずである。

13

「図太い人」は相手をさわる

●ボディタッチを恐れない

「おう、久しぶり〜」

そう言いながら、相手の肩を馴れ馴れしくバンバン叩こう。最初はちょっと勇気がいるかもしれないが、そこは我慢だ。「気の強い人間」を演出するためには、肩を叩くくらいの行動は、自然にできなければならない。

気が弱い人は、あまり自分から身体的接触を求めることはしない。

気が強い人は、自分からどんどん触りにいく。

みなさんは、気が強い人をアピールしたいわけだから、当然、相手に触らなければならない。

遠慮してはいけない。やや強めの力を込めて、相手の肩を叩くのがポイントである。

握手もそうで、積極的に自分から握手を求めよう。

気が弱い人は、自分から握手を求めることはないし、かりに握手をしても、力を込めて握るのではなく、ものすごく柔らかな握手をする。そういう握手は、される相手にとっても気持ちが悪いので、がっしりと握るようにするのがよい。

米国アラバマ大学のウィリアム・チャップリンは、時間と相手を変えながら、2回握手をさせて、その握手をした人に対する評価を求める、という実験をしたことがある。

その結果、がっしりした握手をすると、社交的で、明るく、内気でなく、神経質でなく、心が開放的、という印象を与えたそうである。

強めの握手をすると、相手には好印象を与えるようなのだ。

身体的なふれあいも、握手と同じである。

さすがに異性に対して身体を触るわけにはいかないが、同性であれば、どんどん触ったほうがいい。

触れば触るほど、みなさんは気が弱い人、とは思われなくなる。むしろ、積極的な人という印象を与える。

読者のみなさんの周囲にいる人のことを思い出してほしい。

気が強い人は、どこか〝馴れ馴れしい〟ところがないだろうか。平気でこちらの肩を叩いてくるような人物ではないだろうか。

「よくやった！」と口でホメるだけでなく、感極まって抱きついてくるような人物ではないだろうか。

みなさんが目指すべきは、そういう人である。

ただし、相手との身体的なふれあいをするときには、「やや強め」にやらなければならない。弱い力で触られるのは、相手にとって非常に気持ち悪いからである。力加減がわからないようなら、親しい友人や家族に肩を叩かせてもらうなどして、好ましいタッチができるようにしておくのもいい練習になる。

遠慮していてはダメだ。積極的に相手に触るくらいのことをしなければ、気が弱い人間を偽装することはできない。

14

「相手の目」を見て話す方法

●見つめる時間が長いほど、相手に好かれる

相手と目が合うと、あわてて視線をそらしたり、キョロキョロしはじめる人がいる。そういう人は、どうしても気が弱い人間だと見なされてしまうので注意しよう。相手と目が合ったときには、にっこり微笑《ほほえ》んで見せるのがよいのであって、**視線をそらしたり、泳がせたりしてはならないのだ。**

近視の人は、なぜか、たとえ気が弱くても、弱そうに見えない。

その理由を、読者のみなさんはご存知だろうか。

近視で、しかもメガネをかけていなかったりすると、相手の顔が見えにくい。そのため、目を凝《こ》らすようにして、じっと見つめるクセがある。そのため、本当は気が弱くとも、逆に強そうな人に見えるのだ。

近視の人で、「視線が泳ぐ」クセがある人は、人に会うときには、メガネをはずしてみるのもいいだろう。そうすれば、相手の目を凝視できるようになるからだ。

アリゾナ大学のジュディ・バーグーンは、模擬面接実験において、応募者（実はサクラ）が面接官（本当の被験者）を見つめる時間の長さを変えるという実験をしたことがある。

その結果、**応募者が面接官を見つめる時間が長くなればなるほど、雇ってもらう見込みが高くなったという。**おそらく、見つめる時間が長くなるほど、それだけ頼りがいがあって、強そうに見えたからであろう。

視線がキョロキョロしていたら、どうして

も弱く見える。

だから、なるべく視線は動かさないようにするのがよい。

真正面にいる相手の顔を見据えて、じっと相手の目を見つめるようにすれば、

「この人は、手ごわそうだな」

「なんだか、やり手に見えるな」

という威圧感を与えることができるのである。

欧米のビジネスマンは、交渉や商談において、視線をはずすことが「自分の負け」につながるのを恐れて、決して視線をそらさない。弱みを見せないようにするためには、相手と目があったときに視線をそらしてはならないのである。

気が弱い人は、相手の目を見つめていると、ドキドキしてしまうかもしれない。**では、どうすれば視線をそらさずにすませられるのかというと、「まばたきをゆっくり」すればいいのである。**

目を閉じている時間を長めにとれば、視線をはずすのと似たような効果があって、そんなにドキドキしないし、気分が落ち着いてくる。視線をはずすのではなく、5秒くらい目を閉じて開く、というまばたきの動作をくり返そう。

相手を凝視すればするほど、みなさんは言い知れぬ威圧感を相手に与えることができる。このテクニックはぜひみなさんに身につけていただきたい。

15

見つめる時間が長いほど「好かれる」

●相手を「見つめる」技術

「目は心の窓」といわれるが、人は、みなさんの「目」を見て、その人となりを判断することが少なくない。みなさんに、やる気があるかどうか、不満を感じていないか、心から喜んでいるかなど、人はみなさんの目だけで判断しているのだ。

つまり、意識的に視線をコントロールすることでみなさん自身の評価を変えることも可能である。**特に、一番大事なことは、相手の目をじっと見つめることである。**

先ほど「視線はそらすな」というお話をしたが、もうひとつ裏づけとなるデータがあるので紹介しておこう。

米国ペンシルバニア州のキングズ・カレッジの心理学者チャールズ・ブルックスのグループは、ある登場人物が60秒間インタビューを受けている場面のビデオを作成してみた。

ただしビデオの登場人物が相手の目を見つめる時間を、60秒のうちの50秒（視線をはずさない条件）、30秒（ほどほどに視線を合わせる条件）、5秒だけ（ほとんど視線を合わせない条件）という3通りのパターンを作ってみた。

そのビデオを男女60名ずつに見せて、その人物に対してどれくらい「強さ」を感じるのかに得点をつけてもらうと、きれいな比例関係が見られたという（グラフ参照）。すなわち、**相手の目を見つめる時間が長くなるほど、その人に対する強さの評価も高くなった**のだ。

見つめる時間が長くなるほど、「強い人」と思ってもらえる

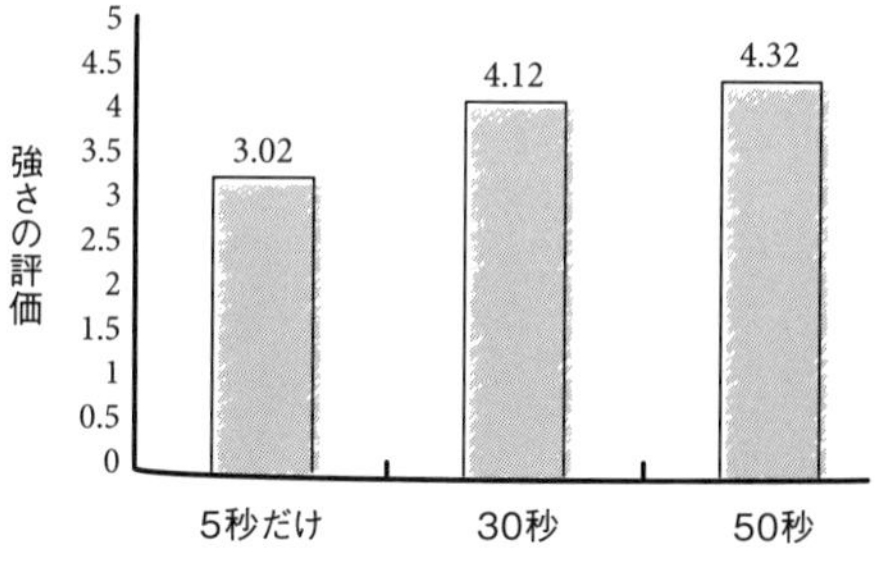

（出典：Brooks, C. I. et al.）

相手から視線をはずしてはいけない。そんなことをすると、みなさんが気弱なことがバレる。逆にいうと、視線をはずさないだけで、だれもみなさんを気弱だなどとは思わなくなるはずである。ぜひ、お試しいただきたい。

16

「目を細める」ことの効果

●「目力」を鍛える法

「目力」がある人がいる。

その人にじっと見つめられると、すべてを見透かされているかのような気がして、思わず縮み上がってしまいそうになるほど、怖い。有無を言わさない迫力が漂っているような人を、「目力がある」という。

気弱なことに悩んでいるみなさんは、そういう目力のある人に憧れるであろう。

だが、しかし、目力を手に入れるのは、そんなに難しい話でもない。

ちょっとしたコツを知っていれば、だれでもすぐに目力のある人間になれるのだ。

そのコツとは、「目を細めること」である。

「えっ、たったそれだけで目力が出ちゃうものなんですか？」

と驚かれる方もいらっしゃるであろう。

答えは、イエス。

たったそれだけで、だれでも、手軽に目力が出るのである。光がまぶしいときのように、目を細めるだけで、迫力のある目力が出せるようになるのである。

米国コルゲート大学のキャロリン・キーティングは、男女12名ずつの顔写真を用いて、すべての人物の「目」を、機械的に15％ずつ大きくしたものと、15％ずつ小さくしたものを多くの人に見せてみた。

すると、目を小さく修正した写真に対しては、「パワフルさ」を感じる人が多かったのである。逆に、目を大きく修正した写真に対しては、「温かさ」を感じる人が多かった。

人に好かれたいのなら、なるべく目を大きく見開くようにし、「大きな瞳」をアピールしたほうがよいのであるが、強さのアピールをしたいのなら、その反対のこと、すなわち「目を細める」というやり方が効果的なのである。

もともと大きくて、かわいらしい目をしている人は、魅力的ではあるが、あまり強さを感じさせない。童顔に見えてしまうからである。

その点、一重まぶたで、目が細い人は、魅力的には見えないかもしれないが、非常に強そうなイメージを与える。

ちなみに私の父は、目が細い。そのため、私は父に見つめられると、今でも怖い。にらまれているように感じるのである。

「父さんの目は、怖いんだよ」と私が冗談を言うと、「俺は、普通にしているだけだ」と笑って答えるが、それでも怖いものは怖いのである。

生まれつき目が細い人は、ご両親に感謝したほうがいい。

その目のおかげで、人を威圧できるオーラを振りまけるわけであるから。

17

「上を向いて歩こう」は心理学的に正しい

●たえずアゴを上げろ

心が弱い人は、背骨も弱いが、首にも力がない。彼らの頭は、いつでもぐにゃりと垂れ下がってしまっている。

気が弱い人は、首に力がなく、うつむいている。

そういう姿は、「私は弱い人間なんです」というイメージを周囲にふりまく。そして、実際に、首に力がない人は、精神力などこれっぽっちも持ち合わせていないことが多い。

スポーツの世界では、試合中に、「アゴを落とすな！」「もっと上を向け！」と監督やコーチが指導する。テニスでも、バスケットでも、バレーでも、サッカーでも、そうである。

なぜ、そういう指導をするのか。

その理由は、アゴが落ちると、気持ちのほうが先に負けてしまって、試合にも勝てなくなるからだ。だから、どんなに不利な状況にあっても、アゴだけは下げないようにと指導するわけである。そして、この指導は、心理学的にも理に適《かな》っている。

アゴを下げていると、敵にも、自分が弱みを持っていることがバレてしまう。だから、そういう弱さを偽装するためにも、どんなに疲れようが、へばっていようが、アゴだけは下げてはならないのである。

カナダにあるマギル大学のアラン・ミニョーは、アゴの向きの角度をあれこれと変えた写真を用意し、それぞれの角度の顔がどのように見えるのかを調べてみたことがある。

ミニョーの実験によると、もっとも強そうに見える角度は、〝20度の上向き〟であった。

つまり、アゴを20度ほど上に向かせたときに、もっとも強そうなイメージを与えることができるのである。

ただし、この角度に対しては、もっと上ではないかと指摘しているデータもある。

同じくカナダにあるラバル大学のアーヴィッド・カッパスは、やはりアゴの角度をいろいろと変えた72枚の顔写真に対しての印象を分析し、アゴを〝40度の上向き〟にしたときに、「自信がある」「明るい」「強さ」などの印象を与えることを確認した。

また、カッパスは、アゴを下げると、すなわち、うつむいた顔だと、「弱そう」「悲しそう」というネガティブなイメージを与えることも確認している。

アゴの角度を何度に保つべきなのかについては、正確には言えないのだが、「20度から40度ほどの上向き」だと大ざっぱに覚えておいてほしい。

日中は、たえずアゴをこの角度でキープしておこう。特に、人に会うとき、人に見られているときは、なおさらだ。

アゴを下げ、上目づかいで相手を見上げているようでは、自信など持てない。

しっかりとアゴを上げて、首に力をこめて、相手を真正面から見据えよう。

そういう姿勢をとれば、みなさんは精神的にも強い人間だと評価されるのであるし、自分自身の心も強くなるのだ。

18

明石家さんまに「身振り」を学ぶ

大きな身振りを心がけよ

人と話すときには、なるべく大げさなアクションをするとよい。派手なパフォーマンスをしてみせればみせるほど、みなさんは物おじせず、堂々とした人間だと思ってもらえるからである。

気が弱い人は、どうせ人と会えば手が震えるのである。「手を動かさないように」などと思っても、そんなにうまくいくはずがない。「動かさないように……」などと思えば思うほど、余計に手は震えてしまう。

ところが、「手を動かそう」と逆のことをすると、緊張がほぐれてきて、手の震えは収まるものなのだ。ウソだと思うのなら、ぜひお試しいただきたい。

それにまた、**手を動かしていると、「力がある**

人」のようにも見えるという利点がある。

ハーバード大学のドナ・カーニーは、調査に参加してもらった人たちに「会社で地位が高い人」をイメージしてもらい、彼らがどんな振る舞いをとるのかを考えてもらった。すると、地位が高い人ほど「大きな身振りをする」という答えが多く見られたという。

地位が高い人は、大きな身振りを交えて話すので、他の人よりも存在感がある。彼らは、そうやって自己アピールすることで、出世してきたのかもしれない。

「こんなに大げさな動きをしてもいいんだろうか?」

「こんなに派手なパフォーマンスをして、笑い者にならないだろうか?」

そんな心配はせずともよい。

遠慮がちに手を動かさずにいると、控え目ではあっても、どこか物足りないような人間だと思われてしまう。それよりも、自分から積極的に自己アピールしていったほうがよい。

ある調査によると、手を動かさずに話をしようとすると、同じ話をしていても、無味乾燥で、つまらなく聞こえるらしい。相手を退屈させてしまうのである。

その点、手を動かして話せば、話にメリハリが出てくるし、おもしろく聞こえる。だから、どんどん手を動かしたほうがいいのである。

学校の先生もそうだが、机の前に座って、身体を動かさず、ただ口頭で話をしようとする先生の講義は、たいていつまらない。

手振り、身振りを交えて、教室を動き回るような先生のほうが、学生は退屈せず、講義に集中するものである。

動かなければダメである。

自分をアピールするためにも、派手なパフォーマンスを心がけよう。

明石家さんまさんは、人と話をするときに、大げさに身体をのけぞらせて驚いてみせたり、拍手をしながら喜んでみせたりと、大きな動きをしている。そういうパフォーマンスが、さんまさんの好感度を高めるのに役立っていることは間違いない。私たちもさんまさんの真似をして、大げさに動きを加え、会話に彩《いろど》りを添える努力をしよう。

19

足を上げれば、気分もアガる

●あなたの「歩き方」は負のオーラを出している

街中で、靴の裏をズリズリと地面にこすりつけるような歩き方をしている人を見かけることがある。一見して、負け犬だとわかる。なぜなら、成功している人は、そのような歩き方を絶対にしないからだ。

足を上げずに歩いている人は、〝負のオーラ〟を漂《ただよ》わせている。

疲れているような、病気であるような、そういうイメージを振りまく。

私なら、そういう人とは決して仕事をしたいとは思わない。一緒にいて、こちらの元気が奪われてしまうように感じるからである。

歩くときには、颯爽《さっそう》と、快活に。

「私は、成功者なんだ」という意識を常に持ち、足

を高く上げて歩こう。

足を高く上げるようにして歩くと、どうなるか。周囲の人の目には、みなさんが気持ちのいい好人物として映るはずだ。

米国マサチューセッツ州にあるブランダイス大学のジョアン・モンテパーレは、大勢の人たちに歩き方を分析する光源装置を身体につけてもらい、約8メートルの距離を歩いてもらった。そして、歩いているシルエットを別の48名に見せて印象評価をしてもらった。

その結果、足を振り上げるようにして歩く人は、力強さ、パワー、幸福感、などの印象を与えることが明らかになったのである。

足を高く上げて歩いていれば、「あの人は、強そうだな」とか「あの人は、何か幸せなことがあったんだろう」と思ってもらえるということである。

靴底を地面にこすりつけるような歩き方はよくない。

そういう歩き方をしていると、生気のないヤツ、具合の悪いヤツ、意気地《いくじ》のないヤツ、不幸を背負っているヤツ、という悪い印象を与えてしまう。トボトボと歩いている人間は、周囲からのウケもよくない。

たとえ少しくらい熱があっても、足を高く上げて歩いていれば、元気も戻ってくる。

たとえ少しくらい眠くとも、快活な歩き方をしていれば、生気がみなぎってくる。

歩くときには、自分がスーパースターになったつもりで、舞台を歩くときのように颯爽と歩いたほうがいい。そういう姿を見て、周囲の人はあなたのことを確実に高く評価する。

20

たえず「小走り」で歩く

〝のんびり〟は美徳ではない

小学校には、「廊下は走ってはいけません」という貼り紙がなされているが、社内の廊下でも、人にぶつからないようにゆっくり歩きましょう、という指導がなされることが多い。

けれども、読者のみなさんは、そんなことに従う必要はない。

むしろ、たえず〝小走り〟でいるくらいでいい。**のんびり歩いていると、「怠惰《たいだ》」なイメージを振りまく。また、やる気のなさそうな人間だと思われてしまう。**

お客に商品の在庫を聞かれ、ちょっと倉庫まで確認にいかなければならなくなった店員がいるとしよう。

もしその店員が、ゆっくりと歩きだしたら、お客はどう思うだろうか。

「すぐ在庫を確認します！」と言って走り出してくれる店員に比べると、不満を感じるのではないかと思われる。

私たちは、キビキビした人が好きなのであり、のそのそした動きの人には、好印象を持つことはない。

スウェーデン南東部にあるリンショーピング大学のジャン・アストロムは、歩く速さが速い人ほど、のんびり歩く人に比べて、好印象を与えることを実験的に確認している。

アストロムは、20歳から65歳までのさまざまな職種の男女で実験したのだが、男性でも、女性でも、速く歩く人のほうが好かれたという。

ついでながら、アストロムは、握手をするとき、力強く握手をする人のほうが積極的で、社交的（これは男性のみ）と評価されることも明らかにしている。

私は、いろいろな会社を訪問してきたが、元気のいい会社では社員がみな小走りである。社員の年齢が平均的に若いというのもあるかもしれないが、とにかくみんな走っている。

業績が悪く、社員のやる気や意欲の感じられない会社では、社員はみな歩くのが遅い。ゾンビの歩き方のように、ダラダラしているのである。私は、歩くのが速いので、廊下などでは、彼らを何人も追い抜かなければならないほどである。

朝の通勤時などでは、電車のドアが開くと、一斉にビジネスマンが飛び出してくるわけであるが、真っ先に改札に向かうような人は、たいてい仕事ができる人だ。歩き方を見ていれば、それくらいは心理学者でなくとも判断できる。

私は大学でも教えているが、学生の、のろのろした歩き方に腹が立つことがある。彼らに言わせれば、「そんなに慌てる必要もないんだから、のんびりいこうよ」ということなのだろうが、私にとっては、のんびりしている時間が非常にもったいない。なぜ、のんびりしているのか、理解に苦しむ。しかも、のんびりした学生に限って、自分が悪い評価を受けていることにすら、気づかない。

のんびり歩くのは、お年寄りになってからで十分だ。

若いうちは、たえず小走りでいるほうがいいのだ。

小走りをしていると、キビキビとした動作ができるようになり、仕事の生産性もアップする。しかも、小走りをしていると、心のほうも奮い立ってくる。「さあ、やるぞ！」というやる気の暗示をかけるためにも、いつでも小走りで動き回るクセをつけよう。

21

ブランド品が自信をくれる

●一流品を身につける

腕時計でも、バッグでも、ネクタイでも、スーツでも、財布でも、何でもかまわないのであるが、ひとつくらいは、他人に自慢できるような一流ブランド品を持ちたい。

だれに見られても恥ずかしくないようなモノをひとつ持っていると、心理的にも、「自分は一流の人間なんだ」という思い込みを強化することができるからである。

モノを所有することは、私たちの自我を拡張してくれる働きをする。

これを「拡張自我」という。

たとえば、大きな高級外車に乗っている人は、その自動車をも含めて「自分自身」だと認識するようになる。そのため、自分に自信や誇りが持てるようになる。小さな中古車に乗っていたら、自信もなくなる。

ヨレヨレのスーツを着て、安物のネクタイをしているのに自信を持てるだろうか。

持てるわけがない。

やはり、いいものを着たり、身につけたりしないと、なかなか思い込みだけで自信をつけるのは難しい。「俺は、仕事ができるんだ」とか、「俺は、素晴らしい人間なんだ」と思い込みたくとも、自分が身につけている安物の服を見たら、そんな思い込みは、どこかに吹き飛んでしまう。それが当たり前だ。

「男は、外見など気にしてはならない。中身で勝負だ！」

「外面がよくとも、中身が伴わなければ意味がない！」

などという、時代錯誤《さくご》な考えの人は、今でも存在する。


しかし、そうではない。


外見をきちんとすることは、心理的にも、見た目にも非常に重要なのである。

ブランド品を身につけることは、心理的には、「自分は、こういう高級品を身につけられるだけのステータスの人間」という思い込みを強化してくれる。つまり、強さを手に入れることができるのである。

また、見た目としては、きちんとした服装の人を嫌う人などいないから、周囲の人にも好かれることになる。

たしかに、上から下まで、ブランド品で身を固めるのは滑稽《こっけい》であるが、ところどころのポイントに、さりげなくブランド品を身につけたい。

ブランド品を身につけていると、周囲の人もそういう対応をとってくれる。

欧米のホテルのベルボーイは、お客のカバンを見て、その人のステータスが高いことを知ると、とても丁寧に対応してくれるというが、日本でもそうである。

なんだか安っぽいものしか身につけていないと、「安っぽい対応」しかとってくれなくなるのだ。

使いやすいからといって、学生が使うようなカバンを使っていたら、威厳《いげん》も何もなくなってしまう。

ビジネスマンは、少しくらいの無理をしても、背伸びをすることになっても、ワンランク上のモノを買うようにしたほうがいいのだ。

22

「身だしなみ」が相手に与える影響

●身だしなみには、人並み以上に、気を配れ

「クールビズだから」と、ノーネクタイでいてもいいのか。ラクだからと、サンダルを履いていていいのか。

いいわけがない。

だらしない恰好《かっこう》をしていたら、「心までたるんでいる」と思われるに決まっている。「いや、僕は、仕事はきちんとやっているぞ！」と憤慨《ふんがい》なさる方もいらっしゃるかもしれないが、**だらしない恰好をしていると、仕事ぶりまでだらしないと思われてもしかたないのだ。**

戦時中には、子どものズボンのポケットの口は親に縫《ぬ》われていたという話を聞いたことがある。ポケットがあると、子どもはどうしてもそこに手を突っ込む。手を突っ込んで歩くのは、だらしがない。それなら、最初からポケットを使わせないように、口を縫いつけてしまったほうがいい、という親心である。

身だしなみがきちんとしていないと、中身までつまらない人間だと思われてしまう。だから、身だしなみには、これ以上ないというくらいに気を配らなければならない。

企業でも、身だしなみにうるさいところほど、社員の意欲は高く、生産性も高く、業績がよい。逆に、どんなにだらしない服装をしていようが、チャラチャラした恰好をしていようが、上司が何も言わないような会社は、たいてい規律が緩んでいて、組織としての行動ができない。

とにかく身だしなみに気をつけよう。**ビシッとした服装をすればするだけ、みなさんは心が強靭《きょうじん》で、芯がある人のように見えるからだ。**

マイアミ大学のサンドラ・フォーサイスは、疑似的な就職面接を設定して、被験者に面接官をやらせるという実験を行っている。

面接を受ける応募者（実はサクラの協力者だった）の服装を変えながら、その印象を尋ねてみたのだ。なお、サクラは同一人物だったのだが、着ている服装を、きっちりしているものから、カジュアルなものまで段階的に変えてみた。

すると、服装がビシッとしていればいるほど、パワフルな印象を与え、しかも「決断力」もありそうだ、と評価が高くなったという。

このデータを参考にすると、身だしなみがだらしないと、力がなく、優柔不断そうに見えてしまう、ということである。

「馬子にも衣裳《いしょう》」という言葉があるが、もともと気弱な人であっても、きちんとスーツを着てネクタイを締めていれば、強そうな人間として評価してもらえるだろう。だからこそ、夏であろうが、ノーネクタイではダメなのである。

そういえば、かつて夏用の半袖型のスーツというのもあった。今もあるのかもしれないが、そういうスーツはダメである。子どもっぽく見えてしまうからだ。

たしかに夏にネクタイを締めるのは、ひどく暑苦しい。

だが、それくらい我慢しなければ、とてもではないがよい評価は受けられない。自分の精神力を鍛えるトレーニングだとでも思って、とにかく頑張ってほしい。我慢したぶんだけのメリットは、必ずあるはずだ。

Column 2

自分なりの〝儀式〟を作り、トランス状態に入る

メジャーリーガーのイチロー選手は、打席に立つときに、決まった素振りをし、腕をぐるんと回して構える、という動作をとる。いつでも同じ動作をとっていることからすると、この動作は、イチロー選手にとっての気を静める儀式となっているのであろう。

一定で、規則的な行動をとると、心が落ち着いてくる。

読者のみなさんも、イチロー選手を真似して、同じような儀式行動を作ってみればいい。そうすれば、いつでもトランス状態に入ることができる。

タイガー・ウッズには、臨床心理学者のジェイ・ブルンザというトレーナーがいたのだが、ブルンザはタイガーに、集中力を高めるために、いつでもトランス状態に入れるようなトレーニングをしたという。

同じセリフをつぶやくとか、同じ身体の動きをくり返すことによって、私たちは、自分を催眠状態に持っていくことができる。

深呼吸をしたり、ゆっくりとまばたきをするとか、儀式は何でもいい。

イチロー選手のように、腕をぐるんと回すのでもよい。ストレッチをするのもよい。とにかく、ある儀式を決めて、いつでも、その儀式をくり返していると、そのうちに暗示効果が働いて、いつでも集中力を高めたり、実力を発揮できるようになるのである。

プロボクサーのモハメッド・アリも、催眠療法を受けており（ただしそれを隠していた）、ある一定の儀式行動をとって試合に臨んでいたという。

「そんな儀式をすることに、何か意味があるんでしょうか？」

と思う人がいるかもしれないが、意味なら大いにある。

儀式行動をとると、「さあ、これで私は大

丈夫」という暗示をかけやすくなるのである。インチキな薬でも、医者から「これは効きますよ」といって飲まされれば、本当に効いてしまうことをプラシボ効果（偽薬効果）というが、儀式行動も同じようなプラシボ効果をもたらしてくれるのである。

儀式は、やっておくのと、おかないのとでは全然違う結果をもたらす。

気分を落ち着けるための何らかの儀式を作ろう。

ドイツの文豪フリードリヒ・シラーは、机の中にリンゴをしまっておき、そのリンゴの匂いを嗅いでから執筆に取りかかるのが常であったという。シラーにとっては、リンゴの匂いを嗅ぐ、という儀式が創作前に大切な意味があったのであろう。

また、フランスの画家セザンヌは、創作にあたって、筆を握ったまま、数分から数十分、じっと対象を見つづけ、それから筆を動かしたといわれる。セザンヌにとっては、「見つめる」ことが儀式だったのだ。

儀式をやらないと、いまいち気分が乗らなくなる。儀式をやることで、徐々に集中力を高めるとか、やる気を出すことができるのである。自分を暗示にかけるためには、何らかの儀式を持つようにしよう。

Part 3

ナメられない話し方

23

なぜ「覇気がない」と言われるのか

●大きな声を出せ

人と会うときには、なるべく大きな声を出そう。とにかく大きな声で話すように心がけたい。

なぜか。その理由は、大きな声でしゃべったほうが、バイタリティに溢れて、精力的な人間に見えるからだ。

ボソボソと蚊の鳴くような声で話す人がいるとして、みなさんはその人をどう思うだろうか。

「なんだ、こいつ、元気がないな」

「なんだか、覇気のない男だな」

と思うのではないだろうか。

そう、私たちは、声の小さな人に対しては、その人物に〝弱さ〟を感じてしまうのである。本当は芯に強いものがあっても、声が小さいだけで、どうしても〝弱そうなヤツ〟というレッテルを貼られてしまうのである。

ミシシッピ大学のジェフリー・ケリーは、男女の登場人物が大きな声で話すビデオと、小さな声で話すビデオを実験的に作成し、それを258名の大学生に見せてみた。そして、登場人物に対する評価を求めると、大きな声で話すと、

○信頼がおける
○教養がある
○正直である
○知的である

という評価を受けることを明らかにした。大きな声で話すと、〝頼りがいのある人間〟だと思ってもらえるのである。声は、人並み以上に大きくなければダメである。

もっと大きな声を出そう。たったそれだけの心がけで、みなさんに対する評価は、今までとガラッと変わってくる。

アサヒビールの会長だった樋口廣太郎《ひぐちひろたろう》さんの言葉に、「声が大きくて、ニコニコ明るく元気で、ちょっぴり知性があれば、たいがいのことはうまくいく」というのがあるが、大きな声は、出そうと思えばだれでも出せる。頑張って声の大きさにこだわっ

てほしい。

馬杉一郎さんの著書に『大きな声で話すヤツが出世する』（中経出版）という、そのものずばりのタイトルの本があるけれども、声の大きさは成功の約束手形なのである。

24

セリフは短ければ短いほどいい

●言葉の〝しくじり〟をしないようにする

人と話をするときには、ゆっくり話すようにし、できるだけ言葉を間違えないように気をつけたい。なぜなら、言い間違いをして、何度も言い直しをしていると、気が弱そうに見えてしまうからである。

南フロリダ大学のクリスティン・ルーヴァは、

「私は……、いえ……私ではなく、彼が……」

「私が見たのは、いえ、見たんじゃなく、聞いたのは……」

などと言葉のしくじりをする人物と、そういうしくじりをしない人物に対する評価を比較してみたことがある。

それぞれの人の発言をどれだけ信頼できるのかを調べたところ、**しくじりのない人のほうが、はるかに信頼してもらえることが明らかにされたという。**

何度も言葉を間違えていると、「頼りない人だな」と思われてしまう危険性がある。だから、なるべく言葉をしくじらないように気を配ったほうがいいのである。プレゼンテーションをするとき、何度も言葉を間違えていると、そのプレゼンテーションは失敗する。たとえ内容がよくとも、発表者自身に対して、信頼がおけないと思われてしまうからだ。だから、プレゼンテーションをするときには、絶対に言い間違いをしないようにしなければならない。

もともと早口の人は、それだけ言葉をしくじる可能性も高くなるから、なるべくゆっくり話すようなクセをつけたほうがいい。間違えるたびに、みなさんへの信頼性は失われていくからである。

そんなに慌てて話そうとしなくてもいい。ミスをしないことのほうが重要である。

言葉をしくじらないためには、いくつかのコツがあるが、基本的には、そんなに長いセリフを話そうとしないことである。

セリフが長くなればなるほど、しくじるリスクは高くなるのだから、短文のセリフを口にするクセをつけよう。

「僕は、こう思う」「それに賛成だ」というような短いセリフだけを口にしていれば、言い間違いは激減する。それにまた、短いセリフをしゃべっていたほうが、相手に対する威圧感も高まるというものである。

長ったらしいセリフを言おうとすると、何度もしくじることになるし、聞き手にとっても理解しにくくなる。そうならないように、句読点を意識しながら、ゆっくり、しかも短いセリフを話すのがポイントである。

また、口に出す前に、まず頭の中で文章を構成し、「書き言葉」を口にするようなクセをつけると、言い間違いをしなくなる。

それに書き言葉を意識して話すときのほうが、丁寧で、理解しやすい話し方ができることも覚えておくとよいだろう。

短いセリフで
インパクトを
与えろ!
じゃがなものか!

25

「ええ〜っと」は禁句

●無意味なつなぎ文句は、口に出すな

パワフルさを感じさせる人は、話をするときにも、無意味なつなぎ文句を使わない。

「ええ〜っと」

「あの〜ですね」

「その〜、何と言いますか……」

これらが無意味なつなぎ文句である。

こういうつなぎ文句を口に出すことがクセになってしまっているような人もいるが、こういう話し方をしていると、気が弱そうに見えるので注意したい。

これは米国デイトン大学のジョン・スパークスの実験でも明らかにされているのだが、**無意味なつなぎ文句を使っていると、弱々しいイメージを与え、こちらの言うことを聞いてくれなくなる**のである。

学校の先生でもそうで、何度も「え〜」をくり返していると、生徒はそういう先生をバカにし、マジメに学ぼうとはしなくなるものである。

無意味なつなぎ文句が口から出そうになったら、どうするか。口から出ないように、飲み込んでしまうのが正解だ。

たとえば、

「ええ〜、お手元の資料のですね〜、あの〜、2ページ目をごらんください。ええ〜っと、ここの上段にですね、図表1がございまして、あの〜、これが昨年度の売上高を示しております」

というような話し方をするのではなく、**つなぎ文句が出そうになったら、一拍の間が空いてもかまわないので、ごくんと飲み込んで、口に出さないようにするのである。**

次のような具合である。

「……お手元の資料の……2ページ目をごらんください。……ここの上段に……図表1がございます。……これが昨年度の売上高を示しております」

こちらのほうが、メリハリのある話し方になるし、信憑性《しんぴょうせい》が高まる。「え〜」とか、「その〜」という言葉を頻繁《ひんぱん》に使っていると、オドオドしたイメージを与えてしまうが、そういう気の弱いイメージを与えずにすむ。

つなぎ文句は、口癖のように出てしまうものであるから、自分の話し方を意識的に変えるような努力をしないと、なかなか直せない。

かくいう私は、自分がセミナーでしゃべっている場面を録画したものを見せてもらったことがあるが、あまりにつなぎ文句を連発しているので、ものすごく恥ずかしかった。自分の予想以上に、つなぎ文句を使っているのだ。

ぜひ一度、他の人との話を録音し、自分の話し方をチェックしてほしい。おそらく「えっ、こんなに⁉」と驚くほど、みなさんはつなぎ文句を口にしていることがわかるはずだ。

26

相手の「話の腰」を折りまくる

●「聞き上手」ばかりがよいわけではない

私たちは、小さな頃から「人の話はきちんと聞きなさい」という教育を受けて育つ。そのため、根が素直な人は、その教えをそのまま受け入れ、とにかくひたすら相手の話を聞くだけの人間へと成長してしまう。

もちろん、人の話を聞くことはよいことだ。

しかし、相手の話を一方的に聞かされているだけだと、

張り合いのないヤツ
意気地がないヤツ
貧弱そうなヤツ

という悪いイメージを持たれかねないということ

も、知っておかなければならない。

人の話を聞くのはよいが、相手が話をしている途中でも、どんどん割り込んでいかなければならない、というルールも忘れてはならないのだ。

「あっ、ちょっと待って。その点に関してなんだけど……」

「あっ、キミの話に関連して、おもしろいエピソードを思い出したんだ」

「話の途中で悪いんだけど、一言だけ言わせてもらうと……」

このような形で、どんどん話に割り込もう。

相手の話の腰を、折りまくるわけである。

「そんなことをしたら、嫌われてしまうのではないか？」

と読者のみなさんは心配になるかもしれない。

たしかに「嫌われる」というリスクはある。しかし、これをやっておかないと、堂々と自分を主張できるような人間に見えなくなってしまうのである。

米国フランクリン・マーシャル・カレッジのマイケル・ナタレは、同性同士、あるいは異性同士の組み合わせを作って、自由に30分間のおしゃべりをさせてみた。

その会話を分析したところ、弱気な人ほど、不安が高い人ほど、自分に自信がない人ほど、「聞き役」に徹して、決して相手の話に割り込んだりしないことがわかったという。彼らは、話している人の邪魔などしなかったのだ。

ところが、強気な自信家の人は、相手がしゃべっている最中でも、どんどん割り込みをしていた。彼らは、相手におかまいなく、会話の割り込みをしていたのである。強さのアピールをしたいなら、割り込みが有効である。

テレビの討論番組などを見ていると、だれか別の人がしゃべっているのに、平気で割り込みをしてくるような人物は、非常にパワフルに見える。そういう人物は、話の腰を折られた人にとっては〝イヤなヤツ〟であるが、

そんなことより
邪馬台国の話
しませんか？
“聞き上手”は
ナメられる！

同時にまた、**「手ごわい論客」「一筋縄ではいかない人間」**という印象を与える。

人に好かれたいのなら、きちんと話を聞くことも大切だ。しかし、強気な人間であることをアピールしたいのなら、その反対、すなわち、平気で横槍を入れるようなことも、時として必要なのではないかと思われる。

27

とにかく真っ先に行動する

●会議では真っ先に発言し、カラオケでは一番に歌う

気弱な人は、何をするにしても遅い。すべての行動がモタモタしている。逆に、自信に満ち溢れて、パワーを感じさせる人は、行動がスピーディで、即断即決するものである。

パワーのある人をアピールしたいのであれば、とにかく何でも「一番乗り」を目指すのが正しい。モタモタしていたら、パワーのない人だと思われてしまう。

たとえば、会議のとき。

議長役の人から、「何か、ご意見、ご提案はございませんか?」と求められたら、真っ先に手を挙げて何かを言うようにしよう。

どんなに馬鹿げたような意見や提案でもよい。

大切なのは、「一番に言う」ということなのであ

って、素晴らしい意見を言うことではない。

「カッコいいことを言おう」

「みんなが感心するような提案をしてやろう」

などと思っていると、一番乗りを逃してしまう。

だから、素晴らしい意見などは言わなくともよい。とにかく一番先に意見を言えば、だれよりも目立ち、パワフルな人間という評価を高めることができるだろう。

だれか他の人が何かを言った後で、「私もそう思います」とやっているようでは、ダメである。運動会のかけっこと一緒で、ヒーローになれるのは一等賞だけであり、二等や三等では、話にならないのだ。

ニューヨーク大学のジョー・マギーは、「あなたがディベート大会に参加するとして、先に意見を述べたいですか？　それとも後がいいですか？」と尋ねたところ、**パワーのある人のうち54％が先手を選んだという。パワーのない人に同じ質問をすると86％が後手を選んだというから、パワーのある人は、先手が好きなようである。**

何事もそうだが、先にやらなければ、後は五十歩百歩であまり目立つことができない。図太い神経の持ち主になりたいなら、そういう目立つことをやりまくって、それに慣れてしまわなければならない。

職場の人たちとカラオケに出かけたときには、真っ先に歌おう。

「まずは部長からどうぞ……」などと遠慮しなくていい。「僕は、音痴なんですけど、歌うのが好きなんです」と断って、一番乗りをするのがポイントである。

だれかが行動した後で、それにくっついていこうとするのはダメである。そういう付和雷同的な、金魚のフンのような行動は、だれも評価してくれないし、むしろ悪く評価されるだけである。

28

「低い声」が信頼感を出す

●なるべく低い声で話す

キンキン響く高い声は、頭がよさそうには聞こえない。声を出すときには、なるべく低く、落ち着いた重低音の声を出すようにしよう。そのほうが、パワフルで信頼されやすくなるからだ。

イギリスのサッチャー元首相は、かん高い声を矯正《きょうせい》するためのボイス・トレーニングを受けていたそうである。一国の首相たるもの、堂々とした声が出せなければならない、と思ったのであろう。

本気で、魅力的な声を身につけたいのなら、専門のボイス・トレーニングを受けたほうがよいと思うが、そこまでしなくとも、自分で意識的に声を低くする努力はしたほうがよい。なぜなら、**低い声で話したほうが評価は高くなるからである。**

南メソジスト大学のダイアン・ベリーは、子どもっぽい高い声と、大人びた低い声を録音したものを43名の人に聞かせて印象を尋ねたことがある。

すると、大人びた低い声のほうが、パワフルで、有能、という次元での評価が高くなったそうだ（グラフ参照）。

もちろん高い声が必ずしもすべてがダメ、というわけでもない。同じベリーの実験では、「温かさ」と「正直」という次元に関しては、高い声の持ち主のほうが、よい評価を受けているからである。ただ、本書は、パワフルな人間をアピールするための心理テクニックをご紹介する本なので、その点でいえば、なるべく低い声を出したほうがよい、とアドバイスしておきたいと思う。**ドスのきい**

なるべく低い声を出すように頑張ろう

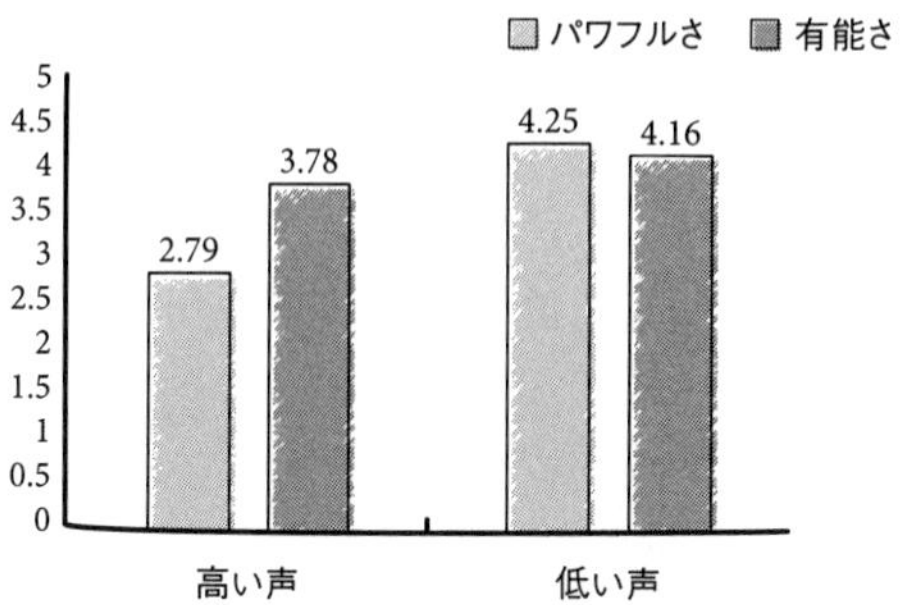

＊数値は、7点満点

（出典：Berry, D. S.）

た低い声は、相手を威圧するのにとても役に立つ。人にナメられたくないのであれば、なるべく低い声で話すようにするのがポイントだ。

29

「意志力のある人」だと思わせる

●三日坊主を人に語ったりしない

「俺は、今日から禁煙するぞ」

と言いながら、夕方にはタバコをくゆらせている人。

「私は、一週間で5キロダイエットする！」

と言いながら、すぐにスナック菓子を頬張っている女性。

読者のみなさんは、こういう人に対して、どういう印象を持つだろうか。

おそらくは、「ダメな人だな」という悪いレッテルを貼るのではないかと思われる。

そう、私たちは、自分で決めたことをきちんと守れない人に対して、「心が弱い人」という印象を持つのである。 したがって、かりに何かをすると決めたり、約束をしたのであれば、それは絶対に守らなければならないのである。

　オランダにあるヴリジェ大学のフランセスカ・リゲッティは、

「悪い習慣をなくすことができた」

「衝動買いを我慢することができた」

という自己コントロール能力の高さをうかがわせる人のプロフィール文章と、

「悪い習慣をなくそうとしたんだけど、失敗した」

「衝動買いをどうしても我慢できなかった」

という自己コントロール能力が低いことをうかがわせる人のプロフィール文章を作って、その印象を尋ねてみた。すると、自己コントロール能力が高い人のほうが、よい印象を与えることが明らかにされたという（表参照）。

決めたことをきちんと守る人は、良い評価を受ける

	自己コントロール能力の高さ	
	高い	低い
「この人は信頼できると思う」	3.98	2.49
「この人はパワフルだと思う」	4.47	3.67

＊数値は9点満点

（出典：Righetti, F., et al.）

もし、三日坊主になってしまっても、こっそり黙っておこう。決して人に語ったりしてはならない。「いやあ〜、やっぱりムリだったよ、アハハ……」などと語ってしまうと、みなさんの株は確実に落ちる。自分をコントロールできないような人は、信用されないに決まっているのである。

私は、しょっちゅう禁煙に失敗しているが、それはこっそりと自分の胸の中にしまっておき、だれにも語らないようにしている。

失敗していることがバレると、「意志力のないヤツ」とネガティブな評価をされるからである。

いろいろチャレンジするのはよいと思うが、かりに三日坊主でやめてしまっても、周囲の人たちには、黙っているのが賢明である。

30

ウソでも「肉食アピール」をする

●「草食系」とは言わせない

ある調査によると、最近の若い人は恋人がいないのに「別に付き合いたいとも思わない」と答える人が4割くらいいるという。非常に淡泊《たんぱく》になっているのである。私が若い頃には、たえず女性のことを考えて、目を血走らせていたような気がするが、最近の男性はそうでもないらしい。

それはさておき、かりに異性に興味がなくとも、それを公言するのはいただけない。

「う～ん彼女かあ～、たいして興味ないなあ～」

「今は、男なんていらないかなあ？」

そういうことは、口が裂けても言ってはならない。

なぜかというと、異性に対して淡泊な人は、すべての物事に対しても無関心・無感動であるからである。そういう人は、死んだ魚のような目をしていることが多く、何に対しても熱くなれない人間である。

カリフォルニア大学のエイリーン・ザーブリゲンは、非常におもしろい調査を行ったことがある。

「あなたは、これまでの人生で何人とエッチをしましたか？」とセックスした人数を質問する一方で、どれくらいパワフルなのか（仕事を頑張る、競争心に溢れている）も調べてみたのだ。

すると、男性も女性も、数多くの人とエッチをする頻度が高い人ほど、パワフルであることが明らかにされたのである。パワフルな人は、肉食系だったのだ。

最近は、草食系男子が増えているというが、これはあまり好ましいことではない。バリバリ精力的な活動を行っている人は、異性に対してもガツガツしているものだからである。

昔から、「英雄色を好む」と言われている。

闘争心に溢れ、精力的に仕事をしているやり手の人間は、みな色を好むものなのである。明治の元勲《げんくん》と呼ばれるような人たちは、あちらの方面でも精力的であったそうだし、ホンダの創業者の本田宗一郎さんも芸者遊びが好きで、「俺は遊ぶために働いているんだ」と周囲に言っていたそうである。

「色を好む」ということは、恥ずかしいことでも何でもなくて、パワフルで精力的な人間だということである。そういうことは、どんどん口にしたほうが、**「パワフルな人間だな」という印象を与えるのではないかと思われる。**ウソでもいいからそう言っていたほうが無難だ。

「○○さんは、女性のほうは、どうなの？」とクライアントやお客さんから話を振られたときに、

「まったく興味ありませんね」

と答えていては、相手を拍子抜けさせてしま

うばかりか、「なんだかつまらないヤツだ」と思われてしまう危険性がある。したがって、そういう質問をされたときには、「ええ、もう大好きなんですよ。あんまりモテませんけどね」と呵々大笑《かかたいしょう》してみせたほうがいいのだ。

Column 3

うまくいかないときの練習をしておく

世の中は、思い通りにいかないことのほうが多い。だとしたら、うまくいかないときのことをあらかじめ予想し、それに対する練習をしておくのもよいだろう。

たとえば、女性に告白しようと決めたのなら、フラれることも予想して、「かりにフラれたときには、こうやって切り返そう」ということを、あらかじめシミュレーションしておくのである。**フラれたときの切り返しのセリフもいくつか考えておけば、いざフラれたときにも、動揺したり、うろたえたりして、見苦しい姿を見せずにすむ。**

営業マンなら、お客に断られることのほうが多いのだから、断られたときにどうやって対処するのかを考えておけば、断られても少しも動じなくなる。断られても笑顔を見せる練習をしたり、冷静なポーカーフェイスを保つ練習などをしておけばよい。

ゴルフ・ジャーナリストのジョン・アンドリサーニは、その著書『タイガー・ウッズの強い思考』（日経BP社）の中で、タイガー・ウッズのお父さんのアール・ウッズのエピソードを紹介している。

お父さんのアールは、タイガーのメンタル面を鍛えるため、彼がショットを打つときに、わざといろいろな手を使って邪魔をしたという。

「ゴルフは紳士のスポーツ」とは言われるものの、現実の試合では、ライバルに邪魔されることがないわけではない。

けれども邪魔されたからといって、いちいち取り乱すようではプロではない。プロなら、いつでも冷静沈着でなければならない。だから、子どものうちから、そういう邪魔に慣れておけ、というのがお父さんのアールの考えだったのである。

うまくいかないとき、なぜ私たちは、オタオタしてしまうのか。
簡単な話で、そういうときの対処についてリハーサルしておかないからである。

きちんと事前にリハーサルしておけば、別にうまくいかなくとも、気にならない。なにしろ、そういうことも「想定ずみ」なのだから。

商談のとき、相手にイヤな質問、聞かれたくない質問をされたときにも、「こうやって答えよう」ということを、あらかじめリハーサルしておけば、冷静でいられる。たいていの人は、そういうリハーサルをしていない。だから、相手に質問されたときに、まごまごしてしまうのである。

　私たちは、準備をしていないときに、不意打ちをされると、心理的に動揺する。

　殴られることがあらかじめわかっているなら、歯を食いしばるとか、お腹に力を入れるなどの準備をしておけば、それなりに耐えられる。無防備なところで攻撃を食らうから、耐えられないのである。

　あらかじめうまくいかないことを見越して、それに対する準備をしておこう。そうすれば、慌てたりすることもないはずだ。

Part 4

簡単に「図太くなる」心理テクニック

31

「姿勢」が心理に与える影響

●背筋をグニャグニャさせない

現代人は、デスクワークが多いせいか、体力が落ちているせいか、疲れているせいか、「立つ」ということが苦手である。

電車に乗るときにも、車内に乗り込むや否や、空いている座席を探そうとする若者が多いように思う。立つことが、根本的に苦手なのであろう。そのためなのか、〝立ち姿〟が凛々《りり》しく見えるような若者はほとんどいない。

けれども、背骨のない軟体動物のような、身体がグニャグニャした姿勢はなるべくとるべきではない。背筋をピンと伸ばし、まっすぐ立つようにしよう。

コロラド大学のトミー・ロバーツは、**大学生に背筋を伸ばし、胸を張り、首をまっすぐにするように**

求めると、心理的にも自信がつくことを明らかにしている。そういう状態で学力テストをやらせると、だらしない姿勢のときよりも、テストの成績もよくなったという。

姿勢が悪いと、気持ちまで滅入《めい》ってくる。

自信を持ちたいなら、まずは身体の姿勢に気をつけることだ。

まず「形から入る」ということは、非常に重要である。私たちの心理は、自分で思っている以上に、身体の影響を受けている。

ほんのちょっとした心がけ、すなわち、姿勢に気をつけるかどうかで、私たちの「心の持ちよう」はまったく違ってきてしまうのである。

気が弱い人は、気が弱い姿勢をとっている。

背中を丸め、「負け犬」のような姿勢をとっているから、「負け犬」の心理に陥ってしまうことに本人も気づかないのであろう。

かつては、背中を丸めていると、「おい、もっと胸を張れ！」「だらしないぞ、ちゃんと立て！」と叱ってくれる人が、そこかしこに存在した。だから、そのたびに姿勢を正そうという気持ちになることができた。これは非常によい教育であったと思う。

ところが、最近はどうだろう。

かりに姿勢が悪くとも、だれも注意してくれない世の中である。

上司も先生も、親でさえ叱ってくれない。「中途半端に叱って、恨みに思われたらたまらない」とか、「こいつがどうなろうと、自分の知ったことではない」という〝われ関せず〟の立場をとる人が多くて、悪い姿勢をとっていても教えてくれないのだ。

だからこそ、自分で自分の姿勢を直すしかない。

姿勢を直せば、心も矯正されていく。

姿勢が悪いのに、心だけ強くすることはできない。背中を丸めていたら、強い心など持ちようがないのである。

32

無理やりにでも背筋を伸ばす

●背筋を伸ばせば、明るい未来を描きやすくなる

気が弱い人は、概して、悲観主義的な人間である。

彼らは、マイナス思考で、ポジティブなことを頭に思い描くことができない。自分が失敗する場面、うまくいかない場面、恥ずかしい思いをする場面ばかりをイメージして、自滅していく。

彼らに向かって、「もっと明るいことを考えなさい」と教えても、なかなかそう都合よく明るいことなど考えられない。

明るいことを考えようとすればするほど、かえって彼らはネガティブなことばかり考えてしまう。彼らは、負の暗示を自分にかけ続け、そのためにますますネガティブになっていく。

では、イヤなことばかり考えてしまう自分を変え

ることが絶対にできないのかというと、そうでもない。ちょっとした日常の心がけで、マイナス思考の人間から、ポジティブ思考の人間に生まれ変わることもできるのである。

そのやり方は、先ほどアドバイスした「背筋を伸ばす」ことを実行するのである。**胸を張り、背筋を伸ばすようにすると、悲観的な傾向を抑えることができるのだ。**

スペインにあるマドリード大学のパブロ・ブリノルは、71名の大学生に対して、背筋を伸ばさせ（あるいは、猫背の姿勢をとらせて）、「将来、あなたは仕事がうまくいくと思うか？」という質問をしてみた。

「非常にうまくいくと思う」を9点とし、「まったくうまくいかないと思う」を1点と

背筋を伸ばせば、明るい未来を考えられるようになる

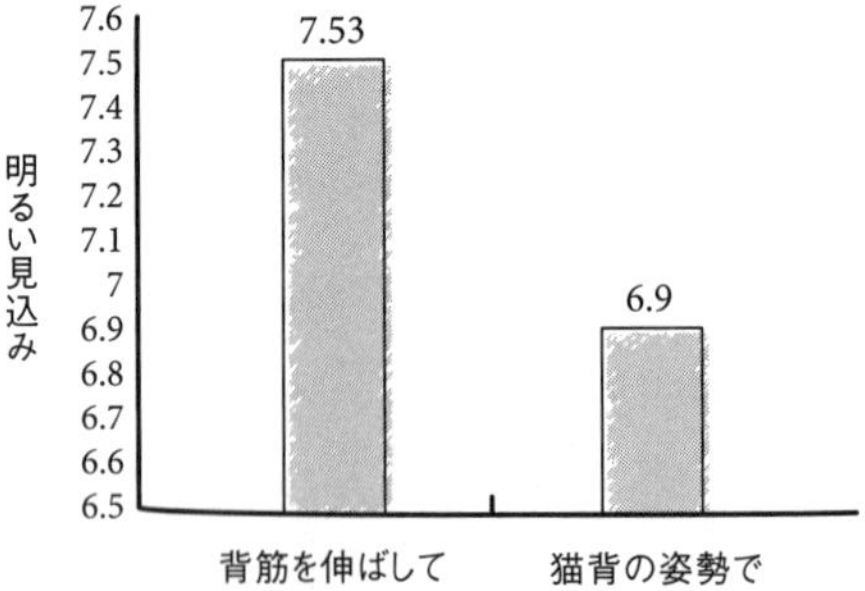

（出典：Brinol, P., et al.）

して点数をつけさせると、それぞれの姿勢をとらされたグループの平均はグラフのようになったという。

グラフから明らかなように、背筋を伸ばすか、猫背の姿勢をとるかで、自分の将来に対する見込みがガラリと変わってしまうのである。

姿勢が悪ければ、明るいことなど考えられない。

みなさんが、いつでも、クヨクヨ、メソメソしているのは、姿勢が悪いから、という理由も考えられる。もっと胸を張ろう。ピンと背筋を伸ばそう。そうすれば、明るい未来を考えることができるし、強い心も持てるようになる。

33

頼まれごとは引き受ける

●面倒くさがらずに、動く

「○○クン、ちょっと書類をA社まで届けてくれないか？」

「え～、僕がですか？」

「○○さん、ちょっとトイレ掃除をしてきてほしいんだ」

「え～、なんで私が？」

人にモノを頼まれたときには、「ハイッ！」と元気よく返事をし、すぐにその行動をとってあげよう。

頼まれたことが、自分の職務の範囲なのかとか、自分がやらなければならない仕事なのかなどと、考えなくていい。面倒くさい顔を決して見せてはならない。

面倒な頼まれごとを、キッパリと断るのが図太い

神経の持ち主ではない。

それは、ただの面倒くさがり屋である。

積極的で、パワフルな人間は、どんな仕事も二つ返事で引き受けるものなのだ。どんなことも喜んで引き受けるから、頼りがいがあると思ってもらえるのだ。

人にモノを頼まれたとき、

「なんで俺が……」

とブツブツと文句を言うような人になってはならない。

支店への出向や、異動を頼まれたときも同様で、文句をいうのではなく「よし、やってやろうじゃないか！」と喜んで引き受けるからこそ、上司や社長のおぼえもめでたくなるのである。

ニューヨーク大学のジョー・マギーは、海外勤務を命じられたときに、あれこれと理由をくっつけて断る人と、「よし、異文化を学ぶチャンスだ！」とか「これでキャリアが身につくぞ！」と考えて引き受ける人の文章を作成した。

そして、その文章を119名に読ませ、「あなたは、この人がどれくらいパワフルだと思うか？」と尋ねてみた。すると、**命じられたことを積極的に受ける人のほう**

が、パワフルだと評価されることが明らかにされたという。

雑事であろうが、重要な仕事であろうが、人に頼まれたときには、

「ええ、喜んで！」

とすぐに引き受けよう。まごまごしたり、熟慮《じゅくりょ》などしなくていい。不満そうな顔を見せてもならない。

「言われたことを簡単に引き受けるのは、気弱な人なんじゃないか？」

と思われるかもしれないが、それは違う。気弱な人は、ものすごく不満そうな顔をしながら、文句や愚痴をまきちらしながら、しぶしぶ引き受けるのである。喜んで引き受けるのは、気弱な人ではなく、パワフルな人である。

どんなに厄介な頼まれごとも、胸を叩いて引き受けよう。

それが、みなさんにとっての信用となる。

34

「握りこぶし」が意志力を高める

●ぎゅっと握りこぶしを作ってみる

商談などで、心理的にどうしても委縮《いしゅく》してしまうことがある。のみたくもない条件をのまされそうになることもあるだろう。

そういう場合に、自分の気持ちを奮い立たせるには、手をぎゅっと握ってみるといい。**そうすれば、「負けるもんか！」という気持ちが湧いてくるからである。**

「手を握るくらいで、本当に意志力が出てくるのかな？」

と疑いを持つ読者もいらっしゃると思うが、これもれっきとした心理テクニックであり、決してウソなどではない。きちんとした裏づけもあるのでそれをご紹介しよう。

ポルトガルにあるリスボン大学のトーマス・シュ

ーベルトは、手の形が人の心に与える影響について調べ、握りこぶしを作ることが、人間にパワーを与えることを実験的に確認している。

シューベルトは、71名の実験参加者を半分にわけ、ジャンケンのグー（握りこぶし）を作らせるか、あるいはジャンケンのチョキを作らせてみた。

そして、その手の形のまま、参加者に心理テストを受けさせると、グーを作っているときに、積極的で、自信がつくという自己評価が高まったのだ。また、「パワーが湧いてきた」という評価も高くなることが示された。

ただし、シューベルトの実験によると、この効果が見られるのは、なぜか「男性のみ」であった。

女性の場合には、グーを作ろうが、チョキを作ろうが、目立った効果は見られなかったのだが、男性の場合には、グーを作ると、心に力が湧き起こったのである。

これは可能性でしかないのだが、男性は、「人を殴る」ときの手の形、すなわち握りこぶしを作ると、〝男らしさ〟のようなものが無意識的に引き出されるのかもしれない。

気落ちしそうなときや、どうにもやる気が出ないとき。そういうときには、思いっきり手を握りしめてほしい。そうすれば、力がムクムクと湧いてくる。

商談で、のみたくもない条件を突きつけられたときには、相手に見えないように、机の下でこっそりと握りこぶしを作ろう。

「あんまりワガママを言うと、こいつでぶん殴ってやるぞ！」という姿勢をとるわけだ。そうすれば、心理的に相手に押されることもなく、堂々と渡り合うことができるはずだ。

米国オハイオ州にあるケース・ウェスタン・リザーブ大学のマーク・ムラヴェンによると、**私たちの握力と、精神力は結びついているらしい。**

ムラヴェンの研究では、握力の測定値と、我慢強さには、相関関係があることも確認されている。心を鍛えたいのであれば、鉄棒の懸垂《けんすい》などをやって、握力を鍛えるのも、いいアイデアかもしれない。

35

メジャーリーガーは、なぜガムを噛むのか

●奥歯を噛みしめろ

モノを握る力と、精神力には相関関係があるのだが、同じようにモノを噛む力と、精神力にも相関関係があることが知られている。

メジャーリーガーは、なぜ試合中に、クチャクチャとガムを噛むのか。

その理由は、闘争心を奮い立たせるためである。**モノを噛む、というのは、自分の心に火をつけるための、もっとも手っ取り早い方法であることがすでに科学的に明らかにされていて、**だからこそメジャーリーガーはガムを噛んでいるわけである（ガムを噛む所作が、あまり美しくない、という問題はここでは置いておく）。

モノを噛む力が弱い人は、一般に、心も弱い。

彼らは、非常に打たれ弱くて、ガラスのような心

の持ち主である。歯が丈夫で、スルメをかじるのが大好きなタイプは、概して、心も強い。モノを噛む力が強い人は、強靱な心を持っていて、多少の失敗をしても、くじけたりすることはないのである。

そういえば、お年寄りになって、歯が弱くなり、モノを噛む力が弱くなってくると、それに合わせて、心のほうも弱くなってくるという。だから、いつまでも噛む力を保つためにも、普段からなるべく固いものを食べたほうがいい。

最近の子どもは、ひ弱になっているという話を聞く。

それにはいろいろな理由があるのだろうが、柔らかいものばかりを食べているから、というのがそのひとつに挙げられよう。柔らかいものを食べていたら、噛む力が弱くなる。そして、噛む力が弱いから、心にも力が入らないのだ。

子どもに向かって、「もっと元気を出せ！」などとハッパをかけるより、固いものを食べさせるようにしたほうが、実効性が高いように思われる。

自分に元気が出ないときには、先ほどご紹介したように、握りこぶしを作るのもいいのだが、奥歯をぎゅっと噛みしめるのもいいだろう。奥歯に力を入れて噛みしめれば、やはり心に力がみなぎってくるからである。プロレスラーや、ボクシング選手彼は、奥歯がすり減ってしまう、という話を聞いたことがあるが、それもそのはず、彼らは闘争心を引き出すために、たえず奥歯を噛みしめているからである。仕事をするときにも、力を出したいときには、奥歯を噛みしめるといい。そうすれば、普段以上の力が出せるようになる。

36

「字」が性格を表す

●大きく、力強い字を書くようにする

昔は、どんなに貧しい家庭でも、そろばんと習字くらいは子どもに習わせるのが常であった。計算ができないと社会に出てから困るからであり、立派な字が書けないと、人にバカにされることを知っていたからである。

書いたものには、書き手の人柄があらわれる。

どんなに性格が悪かろうが、立派な字さえ書ければ、それなりに品性の高い人であると思ってもらえるし、**どんなにおバカさんであっても、それなりに知性や教養の高い人であると思ってもらえる。**

字が汚い人は、今からでも遅くないから書道教室に通うか、ペン習字を習ったほうがいい。字がきれいに書けるようになると、周囲の見る目が確実に違ってくる。きれいな字が書けるというのは一生モノ

のスキルである。ぜひ身につけたい。

話は変わるが、字を書くときには、小さく、弱々しい筆跡で書いてはならない。力強く、大きな文字を書くクセをつけておこう。

なぜかというと、大きな字を書くようにすると、心理的にも大きな人間になっていくからである。

筆圧が弱く、消え入りそうな文字を書いていたら、どうなるか。

おそらく、その文字を見た人は、みなさんが気の弱い人間であると思うであろう。

字を書くときには、指先に力を込めて、力強く書こう。

多少、字が汚くとも、筆圧を加えて書けば、力強い文字になる。

たしかに、最近では、自筆で文字を書く場面が少なくなってきたとはいえ、そういう機会がゼロになったわけではない。

書類にサインしなければならないこともあるだろうし、会議室のホワイトボードで文字を書かなければならないこともあるだろう。年賀状だって、プリントされたものでは味気ないから、自筆で書いたほうがいい。

字がきれいに書けるようになれば、字を書く機会が、まさに最高の自己アピールをするチャンスになる。

大人になったのに、なんで今更、字を書く練習をしなければならないのだ、と思う人がいらっしゃるかもしれないが、気弱な性格を矯正するためにも、きちんとした字が書けるようになったほうがいい。

『筆跡を変えれば自分も変わる』（林香都恵著、日本実業出版社）という本もあるが、字を変えることによって、自分自身も本当に変わることができるのである。

37

「行動しないこと」が不安を呼ぶ

●「何もしない」より「何かをする」

気弱な人は、基本的にあらゆる努力をしない。彼らは、あらゆる言い訳を用意していて、自分を変えるための行動を一切しないのである。

「どうせそんなことをしたって、自分が変わるわけがない……」

「何をしてもムダだ」

これが彼らの口癖である。

彼らは、たえず言い知れぬ不安に苛《さいな》まれており、何かをしようという気持ちも多少はあるのかもしれないが、あれこれと理屈ばかりを並べ立てて、「行動しない」。

精神分析学の祖フロイトは、やり場のない心のエネルギーは不安に結びつきやすいと論じた。

行動しないと、いっそう不安になっていくのだ。

気弱な人は、行動をしない。

だから、ますます気弱になっていく。まさに負のスパイラルに陥っているのである。

作家の曽野綾子さんは、戦争中の話として、空襲があって防空壕の中にじっと身を潜めていると爆弾が怖くて、怖くて、たまらなかったが、外へ出て消火作業をしていると、不思議に怖くなくなった、という趣旨の文章を書いている（『自分をまげない勇気と信念のことば』WAC）。

これは心理学的にもそうで、「行動しない」と不安は大きくなるが、たとえ無意味であろうが、何かしらの「行動をする」ことで迎え撃ったほうが、不安は消えるのである。

気弱だから何もできないし、やりたくない、というのは間違いだ。

気弱だからこそ、率先して仕事をするとか、率先して会議で発言するとか、率先してリーダーを買って出るなどの行動をしなければならない。そうやって行動していれば、気弱な自分など、どこかに吹き飛んでしまうはずだ。

気弱な人は、気弱だから行動しない。そして、行動しないから、ますます気弱になっていく。その負のスパイラルを断ち切るためには、人生のどこかで、「行動する」を選ばなければならない。

　オランダにあるティルビュルフ大学のジョリス・ラマーズは、いろいろな企業の300名以上のビジネスマンを対象にし、「何もしないより、何かをする」を選ぶ社員のほうが、パワフルな性格を手に入れることができ、実際に、収入も高くなることを突き止めている。

　何もしない人は、何も手に入れることができない。

「虎穴に入らずんば虎子を得ず」という諺《ことわざ》もあるが、何もやらずに、強い心だけ手に入れたいと思うのは、ムシがよすぎるのではない

だろうか。

怖いと感じたときには、後ろに下がるのではなく、むしろ前に出よう。

恐怖や不安は、避けるのではなく、迎え撃つようにしたほうが、心は強くなれるものなのである。

38

「見た目」に自信がない人へ

●美容整形も「アリ」だ

自分に自信がない人は、顔だちにその原因があることが多い。外見に自信が持てないと、やはりそれ以外のすべてのことに対して、自信が持てなくなる。外見に自信がないのに、引っ込み思案を直せ、と言われてもなかなか難しいものがある。

「親からもらった大切な顔をいじるのは、どうも……」

という抵抗感があるのは、わかる。

私にも、そういう抵抗はある。

しかし、どうしても自分の顔だちに自信がないのなら、美容整形を受けてもいいのではないだろうか。**それによって自信が手に入るのなら、どんどんやったほうがいいとも思う。**

これから先、一生の間、ウジウジと気弱なままでいるくらいなら、美容整形を受けて、スッキリした気分で再出発を図る、というのも決して悪くはない。どれくらいお金がかかるのかわからないが、お金をかけたぶんだけの元は取れると思う。

美容整形に関するデータは数多くあるが、一般に好意的な結果が得られている。

美容整形を受けることによって、心理的にポジティブになれるという裏づけは、ほぼ確実にある。

マサチューセッツ・ゼネラル・ホスピタルのシェリー・デリンスキが、米国の『応用社会心理学』誌に発表した論文によれば、美容整形を受けると、自尊心が高まり、自己を大切に思う気持ちが高まるという。

また、人生満足感なども高まるそうだ。肯定的《こうていてき》な自己概念を手に入れるためには、顔だちを変えるのがてっとり早い。

「おバカさんのように見えているのでは……」

「間が抜けた顔をしていてイヤだ……」

と悩んでいて、それが原因で、気弱な人間になっているのだとしたら美容整形を受けよう。

親にもらった顔にメスを入れることには抵抗があるかもしれない。

しかし、**みなさんが不幸なままでいることのほうが、ずっと親不孝なのだと考えれば、美容整形を受けることに対するためらいは和《やわ》らぐのではないだろうか。**

ほんのちょっとのきっかけで、心が大きく変わる、ということはある。

そのためのきっかけに、美容整形を利用するのもアリである。

「大切なのは心であって、外面ではない」とよく言われるが、外面がよいほうが、人からのウケがよくなることは、たしかだ。

どんなにキレイな心を持っていても、顔だちにコンプレックスがあると、自信を失ってしまう。

どうしても自分の顔だちが気に入らないというのなら、美容整形を受ければよい。

それによって、ポジティブな気分になれるのなら、安いものだと思う。

39

「運動」が自尊心を生む

●運動習慣を身につける

気弱な人間は、概して、運動を嫌う。彼らは、身体を鍛えることをしていない。

強靱な心は、健全な身体に宿る。ブヨブヨの身体には、強靱な心など宿りようがない。お腹の肉がたっぷりついていたら、強い人間になれるわけがないのである。

運動をしよう。

毎日、運動する習慣を持てば、心は強くなっていく。

といっても、何時間も運動しなさい、などと言っているのではない。せいぜい20分。毎日、20分の運動をすればいい。

どんなに忙しい人でも、20分くらいなら時間がとれるであろう。

「たった20分で、そんなに効果があがるのかな？」と思う人がいらっしゃるかもしれないが、20分で十分だ、という根拠がある。

ノース・イースト・ルイジアナ大学のリンダ・パルマーは、運動習慣のない健康な29歳から50歳までの女性に集まってもらって、2週間、20分のウォーキングをしてもらった。すると2週間後、驚くような効果が見られた。

運動をするようになった女性たちは、自分に誇りを感じるようになり、自分に対する好意的な評価も高まった。また、仕事に対する有能感もアップした。さらに、血圧が下がり、抑うつ的な性格が改善され、悲観主義から楽観主義になったというのである。

わずか20分の運動と侮ることなかれ。

たった20分であろうが、きちんと休まずに運動をするようにすれば、見違えるほどに肯定的な自己概念が手に入るのである。

しかもパルマーの研究で明らかにされたように、わずか2週間ほどで目に見える効果があらわれるのだ。

気が弱い人には、ウォーキングであろうが、スイミングであろうが、とにかく身体を動かすことをおススメしたい。

みなさんの気の弱さは、自堕落な生活、乱れた食習慣によって引き起こされている可能性がある。

運動をするようにすれば、ダイエット効果もあり、身体も締まってくる。引き締まった身体を見れば、それがまたみなさんの自信へとつながるであろう。

運動もせず、ただ強靱な心を手に入れようとしても、それはなかなか難しい。だから身体を鍛えるのである。


仕事で成功するためには、運などの要素も影響してくるが、身体を鍛えることに、運の要素はない。運動すれば、運動しただけ、努力すれば、努力しただけの目に見える成果が１００％確実に挙げられる。だから、決してムダにはならないのである。


さっそく今日から運動をスタートしよう。

2週間後には、遅くとも3週間後には、みなさんの自己概念は、見違えるほどポジティブなものに変わっているはずだ。

40

「主人公意識」を持つ

●アクション映画を見たり、スポーツ観戦に出かけよう

私たちは、自分が目にするものの影響を受けやすい。

たとえば、任侠《にんきょう》映画を上映している映画館の前で、観客が出てくるところをこっそり眺めてみるといい。映画を見終えたばかりの観客は、ヤクザのように肩で風を切りながら出てくるはずだ。

気弱な人は、自分が強くなれるように感じられる映画を見よう。

できれば、弱い主人公が、努力をして強くなっていく、という筋書きのものがいい。そういうものを見れば、勇気づけられるし、自分も何かをやってみよう、という意欲を高めることができる。

映画でなく、スポーツ観戦でもいい。

特に、ラグビーや、アイスホッケーのような、激しいぶつかり合いのあるスポーツを観戦しよう。そういう攻撃的なスポーツを見ても、やはり攻撃的な気持ちを高めることができるからである。

カナダにあるレスブリッジ大学のロバート・アームズは、スポーツイベントのチケットを実験参加者にプレゼントして、観戦に出向いてもらった。

アームズは、プロレスや、アイスホッケーといった攻撃的なスポーツを見る前後での参加者の攻撃性の度合いを測定したのだが、スポーツ観戦をした後では、攻撃的な気持ちが強く高まることが明らかにされたそうである。

またアームズは、水泳のチケットも購入し、それを観戦させてみたのだが、このときには、攻撃的な気持ちは高まらなかったらしい。水泳というスポーツは、競争的ではあるものの、プロレスやアイスホッケーに比べると、攻撃的ではない。だから、そういうスポーツでは、攻撃性は高まらなかったのであろう。

気が弱い人は、なるべく乱暴なスポーツや映画を見るとよい。そうすれば、みなさんの心もそれなりに強くなるはずだ。

もちろん、漫画でもOKである。

週刊少年マガジンで連載されている『はじめの一歩』という漫画などは、気弱な主人公が、信じられないほどの練習をして強くなっていく、という筋書きのボクシング漫画であるが、そういう漫画は、読者を勇気づけてくれるし、自分も頑張ろうという意欲をアップさせてくれるのではないかと思う。

最近では、漫画の暴力描写が子どもに悪影響を与えるという問題が取り沙汰《ざた》されたりしているが、悪影響ばかりでは決してない。たしかに影響は与えるであろうが、好ましい影響を与えてくれることも多いのである。

41

緊張を和らげる簡単な方法

●しばらく目を閉じる

琴の演奏会では、よく弦が切れることがある。琴の弦は、稽古のときにはめったに切れない。なぜ演奏会でだけ切れるのかというと、広い、聴衆のいる演奏会場に出ると気分が異常に高揚《こうよう》して、思わぬ力が入るからだ。

私たちは、人に見られると緊張する。気が弱い人は、なおさらである。

カリフォルニア大学のチャールズ・ウォーリンガムは、とある公園において、ジョギングをしている人を使って、おもしろい実験をしたことがある。

ある人に対しては、じっと見つめるようにし、別の人に向かっては、背を向けて見つめないようにしたのだ。それを隠れたところで、こっそりビデオ撮影をし、ジョギングしている人の走る速さを測定してみたのである。

するとジョギングしている人は、自分を見つめる人がいるときに、ペースを上げることが明らかにされたという。私たちは、見つめられると緊張して、その場から早々に逃げ出したくなるらしい。だから、走るペースを上げたのだ。

見つめられていると、私たちは緊張する。

では、どうすれば緊張しないかというと、「目を閉じる」のがよい。しばらく目を閉じていれば、周囲に人がいることも忘れる。そうやって緊張をほぐせばいいのである。

ちょっと自分が緊張しているな、と思ったら、目を閉じてみよう。

周囲に人がいても、目を閉じていれば、他の人の視線は気にならなくなる。目を閉じれば、自分一人の世界に入ることができる。すると、緊張もなくなるのである。

プロゴルファーのタイガー・ウッズは、試合中の大切な場面になると、意識的にゆっくりとしたまばたきをする。まばたきが、あまりにゆっくりなので、目を閉じているようにも見える。タイガー・ウッズは、そうやって観客がいることを忘れ、自分一人の世界に没入し、集中力を高めているのである。

「やばいな、ずいぶん緊張しているぞ」

「これじゃ、普段の自分が出せないぞ」

というときには、目を閉じるのが手っ取り早く自分を取り戻すための作戦である。

大勢の前でスピーチをしなければならない状況とか、プレゼンテーションをする際にあがってしまったときなどに、このテクニックを利用してほしい。

ゆっくりまばたきをするとか、しばらく目を閉じているだけで、気分は落ち着いてくるものである。

目を閉じ、深呼吸していると、周囲に人がいても、その存在を一時的に忘れることができる。

人に見られることで緊張する場面では、ぜひこのテクニックをお試しいただきたい。

Column 4

体力をつける

精神力のバックボーンにあるのは、体力である。

私たちの精神力は、体力によって決まる。体力がある人は、精神力もあるし、精神力がある人は、体力もある。この2つのパワーは、不可分に結びついているのだ。

何をするにも、すぐに疲れる人がいる。

エスカレーターと階段があれば、必ずエスカレーターを選ぶ人がいる。

そういう人に、精神力があるか。あるわけがない。

体力がない人に向かって、「気合を入れろ」「根性を出せ」と言っても、おそらくはムリであろう。体力がない人間は、精神力もない。もともとないものを「出せ」と言われても、出せるわけがない。体力や筋力がある人は、我慢強さ（精神力）もある。

イギリスにあるヨーク・セント・ジョン・カレッジの心理学者リー・クラストは、41名の大学生に利き腕で重りを持たせ、腕を伸ばしたままで、どれくらい我慢できるのかを調べてみた。

その一方で、彼らがどれくらいメンタル面でタフなのかも調べてみたところ、重りを持つ作業で、我慢強かった人は、精神力もタフであることが明らかにされたという。体力がなければ、我慢もつづけられないのだ。

なぜ、最近の若者に「草食系」が増えたのか。その理由は、若者の体力が落ちているからである。恋愛をするには、精神力が必要だ。そして、精神力のバックボーンとなるものは、体力である。

最近は、朝食を抜くばかりでなく、きちんとした食事もとらず、サプリメントだけで生活している人も多い。そういう人は、栄養をとっていないのだから、当然、体力もない。だから、根性も何もない。すぐに弱音を吐き、逃げ出す。

ある小学校で行われた調査によると、やる気がまったくなく、元気もない生徒は、朝食を抜いてくることが多い傾向があったという。そこでこの小学校では、給食だけでなく、希望者には朝食も出すようにしたところ、生徒がイキイキし始めたそうである。

しっかり食事をとらなければ、パワーが出てこない。

「朝はサラダだけ……」などといわず、朝からステーキを食べてもいいのだ。がっつり食事をとれば、精神力も強くなるのである。

気弱なみなさん。食事に気をつけているだろうか。しっかり食べなければ、力など出しようがない、という当たり前のことをもう少し真剣に考えなければならないであろう。

Part 5

“ビビリ”のあなたが心がける12のルール

42

手の届かない目標を持たない

●完ぺき主義をやめる

みんなに好かれようとするのは、やめよう。なぜかというと、100人中100人に好かれるようなことは、絶対にありえないからである。どんなに人気のある芸能人でも、せいぜい3割か4割の人から支持されているにすぎない。普通の私たちなら、2割の人に好かれれば十分、と考えたほうがいい。

好かれようとしすぎると、「嫌われる」ことを極端に恐れるようになる。

「好かれなきゃ、好かれなきゃ……」と思っていたら、言いたいことも言えなくなってしまう。**対人不安が大きい人は、「好かれよう」という気持ちが強すぎるのである。だから、不安になってしまう。**

その点、別に会う人すべてに好かれる必要はないのだと割り切ってしまえば、気分的にラクである。

ヘンに気取ったりする必要もないから、あけっぴろげに自分を見せることができる。そして、あけっぴろげでいると、逆に好かれる。

カナダにあるブリティッシュ・コロンビア大学のマイケル・ハーリングが、18歳から54歳までの人を対象に行った調査によると、「完ぺき主義」の人ほど、人間関係を苦痛に感じていることが多いという。人間は、もともと不完全な生き物。完ぺきにうまくやれることなど、ないのだ。だから、完ぺき主義でありすぎても、どうせ現実にそんなことは不可能で、失望や絶望を感じることになる。

「好かれよう」と思うのはいいが、その度合いが病的なほどに高いと問題だ。

手の届かない目標を持ってはならない。

100人中100人に好かれることなど、絶対にありえない。どんな振る舞いをしても、みなさんを嫌う人は、どうしたって嫌うのである。そんな人にまで好かれようというのは、現実的ではない。もっと気楽に考えよう。ハードルを低くして、「10人中3人に好かれれば、万々歳」と考えよう。10人中3人くらいなら、何とかなる。私も、それくらいに自分のハードルを低くしている。それ以上の人に好かれようというのは、土台ムリなのだ。

どんなに美人の女優さんや、ハンサムな俳優さんでも、「あいつは鼻につく」「あいつの存在自体が許せない」と毛嫌いする人はいるのである。人間関係においては、完ぺき主義でありすぎないほうがいいのだ。

43

自分だけの「許容範囲」を持つ

●少しくらいのミスは許容範囲とする

完ぺき主義になりすぎないことには、別のメリットもある。

なんと完ぺき主義になりすぎないほうが、自分の能力をみるみる発揮できるのだ。

自分を伸ばしたいのであれば、少々のミスや失敗は、「誤差の範囲」とみなして、許容するようにしたい。そのほうが、みなさんは変わりたい自分に変わることができる。**「完全に100点でなければダメ」という考えを捨てたほうがいいのは、そのほうが自分を伸ばせるからである。**

コロラド大学のデビッド・シャーウッドは大学生に素早くレバーを60度動かす、という作業をやらせてみた。

その際、

○完全に一致したときにだけ「ＯＫ」と声をかける
○5％のズレでも「ＯＫ」と声をかける
○10％のズレでも「ＯＫ」と声をかける

という3つの条件で監督官がフィードバックを与えてみた。

すると学生は、10％のズレでもＯＫと言ってもらえたときに、作業成績がよくなったという。少しくらいのズレは、「許容範囲」だと思えば、のびのびと作業ができるのである。

完ぺきでなければならないと思えば委縮してしまい、力が出せなくなってしまう。細かいところを気にしすぎると、かえってわからなくなってしまうのだ。

文章を書くときもそうで、「素晴らしい名文を書いてやろう」とか、「読み手を絶対に感動させてやろう」と意気込みすぎると、文章は書けなくなる。

もっといいかげんに、「普通に意味が通じれば、それでいいや」と気軽なところがないと文章は書けない。少なくとも、私はそうやって文章を書いている。気取ったり、カッコいい文章を書こうと思ったとたんに、手が動かなくなってしまう。だから、私の文章には拙《つたな》いところがいっぱいあると自分でも思っている。ただし、それでいいのだ、と割り切っているところもあるが。

人間は、気取りすぎないほうがいい。

格好をつけようと思った瞬間に、私たちの行動は自然さを失う。

異性とおしゃべりするときにも、見栄を張って、カッコいい自分を演じようと思った瞬間に、ギクシャクして不自然になる。だから、自然な自分を見せることができず、結果として、あまり好かれなくなるのである。


「許容範囲」という考え方は、完ぺき主義の人にはいいアイデアだと思う。


「まあ、これくらいなら許容範囲だな」ということを自分に許してあげれば、そんなに気負いすぎることもなくなる。「100点」というのではなく、「85点から90点」というように、ある程度の幅をもたせて考えるのがポイントだ。

細かいことをいうと、心理学では、許容範囲のことを「バンド幅」と呼んでいて、少しくらいズレていてもOKを出してしまうことがある。「10%バンド幅」といえば、正解から10%の誤差でズレていてもOKとみなすことである。

仕事でも何でもそうだが、許容範囲で考えよう。

そのほうが完ぺき主義になりすぎる自分にブレーキをかけることができるだろう。

44

「美人」と結婚できる意外な方法

●言うだけ言ってみる

気弱な人は、なかなか自己主張ができない。その理由は、「うまくやろう」としすぎるからではないかと私は思っている。つまりは、目標が高すぎるので、プレッシャーを感じて自己主張できないのではないか、と思う。

何かを主張するときには、「絶対にこちらの要求をのませてやろう」とか、「なんとかうまく言いくるめてやろう」と思わないほうがいい。

とりあえず、言うだけ言ってみよう、という気楽な姿勢でいいのではないか。

相手が応じてくれるかどうかは、相手の心次第であり、そういうものは自分ではどうにもならない。とりあえず言ってみて、それでダメなら、またそのときに考えればいいや、という気楽な姿勢が大切である。

営業をするときもそうで、「絶対に契約をとってやる」などと思っていると、言葉が口から出てこなくなってしまう。断られたら、それはそのときの話だ、とリラックスしていたほうが、自然な説明ができるものである。

とりあえず、頼んでみるだけ頼んでみる、という気楽さがほしい。

ある年配の女優さんが結婚したとき、記者から「どうして今まで結婚しなかったのに、いきなり結婚をお決めになったんですか?」と質問されたときの回答がふるっていた。

「あら、だって、だれも私にプロポーズしてくれなかったんですもの」

ほとんどの男は、「こんなにきれいな人が、自分などと結婚してくれるわけがない」と勝手に思い込んでいたのであろう。そのため、だれもプロポーズをしなかったのだろう。断られてもいいから、とりあえずプロポーズしてみよう、断られたらそれはそれでしかたない、と思う男性がいたら、彼女はもっと早く結婚していたかもしれない。

あれこれ余計なことを考えず、とりあえず言ってみるのだ。

それでうまくいけば御の字である。

こんな話もある。

かつて、大富豪として名高いマーシャル・フィールドの母親がシカゴ大学に100万ドルの寄付をした。同じシカゴにあるノースウェスタン大学の理事会では、これが大問題になった。「なぜ、わが大学は寄付を受けられなかったのか?」が中心的な議題になり、連日にわたって会議が開かれたという。

理事会では、「わが大学は、社会に還元できる研究をしていないのではないか?」「学生への講義プログラムに魅力がないのでは?」などと話し合われたが、結論はでなかった。そこで理事会の一人がフィールド家に連絡をとり、どうして寄付をもらえなかったのかを尋ねることになった。

ところが、電話をしてみるとフィールド夫人の答えは驚くほど単純だった。

「あら、そちらの大学からは寄付してほしいと頼んできませんでしたから」

とりあえず頼んでみると、頭で考えるよりも意外にすんなりいくことがないとはかぎらない。ごちゃごちゃ考えなくていい。とりあえず言ってみるのだ。

うまくいかなかったときにだけ、頭を使えばいいのである。

45

いい意味で「適当」に行動する

●ものごとを軽く見る

アリストテレスの『エウデモス倫理学』には、「ものごとを軽く見ることができるという点が、高邁《こうまい》な人の特徴であるように思われる」という指摘がなされている。さすがに西洋最大の哲学者の一人と呼ばれる人物は、素晴らしいことを言うものだ。

どんな物事も、重大に考えすぎてはならない。

軽く見るのがポイントである。

受験にしろ、結婚にしろ、就職にしろ、それらは自分の人生を決めるうえでの大切なイベントではあるが、だからといって考えすぎてはならない。

「まあ、不合格でも命までとられるわけじゃないし」

「結婚で失敗しても、落伍者《らくごしゃ》になるわけでもないし」

「就職で失敗したら、次の会社を探せばいいだけだし」

そう気楽に考えよう。

あれこれ考えてみても、どうせ物事というのは、やってみるまではどうなるかわからないのだ。やる前に悩むのはムダでしかない。どうせやってみればわかるのだから、やる前にウジウジ悩む必要はないのである。

熟慮して、それで正解が導けるのならよい。

しかし、現実には、いくら熟慮しても正解を事前に知ることなどできないのである。それこそやってみなければ、何もわからない。さらに困ったことに、考えすぎると、人は自分がとった行動を後悔するようになるのである。

オランダのアムステルダム大学のアプ・ディクステルホイスは、じっくり考えてから行動させる条件と、パッと行動させる条件とでは、前者のほうが、後悔は大きくなってしまうことを突き止めた。私たちは、熟慮すると後悔するのである。

物事を軽く見るようにし、「まあ、適当でいいや」と考えて行動すれば、後悔しなくなる。そのほうが、精神的にもリラックスできるのである。

人間だから、間違えてしまうこともある。いや、間違えるのは当たり前なのだ。

自分が間違えていると思ったら、その行動を変えればよいだけの話である。やりもしないで、ウジウジと悩んでいても、しかたがない。しかも、せっかく行動を起こしても、事前に熟慮しすぎると、後悔まで大きくなるのだから、まさに泣きっ面にハチである。

思いつきで行動するのは、決して悪いことではない。

考えてばかりで、行動しないことが、悪いことなのだ。

46

「赤の小物」を持っておく

●「赤色」のものを、ひとつ持つ

燃える闘魂といわれたアントニオ猪木さんは、真っ赤なタオルを首に巻いていた。

プロゴルファーのタイガー・ウッズや石川遼さんは、優勝がかかっている大切な試合日には、真っ赤なシャツやズボンを好んで身につけている。

赤色には、不思議な力がある。

「負けてなるものか！」

「やってやるぞ！」

という負けん気を強めてくれる心理効果があるのである。

したがって、気弱なみなさんでも、赤色を身につけるようにすると、それなりにパワフルな人間になれるのではないかと推測できる。目に見えるところで赤色を身につけるのは派手すぎると思うのなら、下着でもいいので、赤色を身につけてみることをおススメする。

「赤色を身につけるだけで、元気が出ちゃうっていうのは眉唾じゃないの？」と思われるかもしれないが、そうではない。

赤色を身につけていれば、本当に心に〝力強さ〟が湧いてくるものなのだ。

とてもおもしろい調査があるのでご紹介しよう。

イギリスにあるダラム大学のラッセル・ヒルは、２００４年のアテネ・オリンピックで行われたグレコ・ローマンスタイルのレスリング、フリースタイルのレスリング、テコンドー、ボクシングの全試合の結果を集めた。

４種目の試合は合計して４５７試合になったのだが、ヒルは、その中で赤いウェアを着ていた競技者が、青いウェアの競技者に勝ったかどうかを調べてみたのである。

するとなんとしたことか、４つの競技すべてで、赤いウェアの競技者のほうが多く試合に勝っていたのだ。この論文は、『ネイチャー』誌に発表されているものである。「赤色を身につけると元気が出る」というのは、眉唾でも何でもなく、科学的に確認されていることなのだ。赤いハンカチでも、赤いボールペンでも、赤いクリアファイルでも何でもいいので、とにかく赤色のものをひとつは持っておきたい。

そして、やる気がなくなるたび、気分が落ち込むたびにそういうものをじっと見つめてみるのである。そうすれば、失われた元気が戻ってくるにちがいない。

47

自分で自分に罰を与える

自分に〝罰〟を与えるのも有効

運動系の厳しい部活動をやったことがある人ならわかると思うが、手を抜いたり、ミスをしたりすると、監督から〝罰としての運動〟をやらされることがある。たとえば、グラウンドを10周してくるとか、腕立て伏せを20回、という具合である。

最近では、これらの指導も「体罰」ということになって、やってはならないこととされているようだが、私は、少しくらい厳しくされたほうが、精神力は身につくと思っている。その意味では、私は、古いタイプかもしれないが「体罰賛成論者」だったりする。甘やかしていたら、精神力は身につかない。

私は、こういう「罰としての運動」は日本独自のものかと思っていたのだが、どうもそうではないらしい。どこの国でも、選手に厳しくするためにそういう罰を与えているらしいのである。

米国マサチューセッツ州にあるブリッジウォーター州立大学のリディア・ブラックは、グラウンド10周、100メートルダッシュ10本といった罰としての運動について調べた。すると、90％以上の選手が、そのような事実があったと認めた。

ただ、体罰が悪いのかというと、そんなことはなくて、51％は「よい」または「非常によい」と答え、さらに体罰に対して、61・4％は「有益」または「非常に有益」と答えていたのである。彼らは、監督やコーチから罰としての運動を与えられると、「言われた通りにちゃんと運動したい」とも答えていた。


自分を甘やかさず、厳しい罰を与えよう。

そうすれば、精神力が磨かれる。


といっても、他人に罰を与えたり、他人から与えられたりしては、いろいろな問題が出てくる可能性がある（パワーハラスメントなど）。

そこで、自分で自分自身に罰を与えるようにするのだ。

これなら、自分で自分に課していることなので、まったく問題がない。

昼間の仕事で気の弱さが出たときには、夜に5キロのランニングをしなければならないとか、腹筋を50回やらなければならない、といった罰を自分に与えるのである。そうやって罰を与え、自分を厳しく鍛えようとすれば、精神力も確実にアップするはずだ。

食べたいものを食べ、好きなだけテレビを見て、やりたいことだけをやっていて、精神力が身につくものだろうか。

自分に甘くしていたら、精神力など身につきようがないのではないか。

多少、ストイックに自分に厳しい罰を与え、その罰を乗り越える努力をするからこそ、人間は伸びていくのだと思う。その意味では、自分に罰を与えるのは有効な方法である。


自分を甘やかすのをやめよう。

精神力を鍛えたいのなら、どうしても厳しくやらなければならない。

48

鼻歌が心をラクにする

●鼻歌でも歌いながら仕事をする

どうしても気乗りしない仕事をするときには、歌でも歌ってみるとよい。そうすれば、退屈な仕事も、困難な作業も、苦痛を伴う仕事も、けっこう何とか乗り切れるものである。

酒造りの職人も、船頭さんも、仕事の時に歌っているという話を聞いたことがある。そうすると、仕事がラクになることを経験的に知っているからであろう。

かつて炭鉱で働く人たちも、その激務と辛さを忘れるために歌っていたそうで、今でも炭坑節として残されている。

いいかげんな鼻歌でも、「フン、フ〜ン」と口ずさみながら仕事をすると、不思議なくらい心が軽くなってくるのだ。

歌を歌っていると、仕事がラクになる。

これを心理学では、「引き込み現象」と呼んでいる。

ワルツやマーチというジャンルの音楽は、もともと踊りや行進のための音楽であるが、リズミカルな音楽にのせて行動すると、その行動がラクになる。軍人が、音楽隊に合わせて進軍するのは、そうしたほうがラクになるからだろう。歌ではなく、声を出すのもいい。

「よ～し、いっちょやるか」「さあ、今日も仕事するぞ」と声を出すようにするのである。

コネチカット大学で行われたある研究によると、ゴルフのスイングや、テニスのサーブでも、掛け声をかけてから動作を行うと、安定することが知られている。

声を出さずにスイングをするより、「チャー・シュー・メーン」などと、自分の好きな食べ物でも声に出しながらタイミングをとったほうが、スイングは安定するのである。

「仕事中は静かにしろ」「オフィスでは不用意に声を出すな」と言われるのは、周囲の人に迷惑をかけないための配慮である。

たしかに、一人だけうるさい声を出していたら嫌がられるかもしれないが、声を出すと力が出てくるのであるから、あまり静かにしすぎるのも考えものだ。

ぶつくさと文句や愚痴を言うのではなく、「さあ、がんばるぞ！　フン、フ〜ン」というくらいの独り言ならば、周囲の人も許してくれるのではないかと思われる。

できれば好きな曲でも口ずさみながら仕事をしよう。

そうすれば、やりたくもない雑事でさえ楽しみながら仕事をすることができるであろう。

49

仕事よりも「人間関係」が大事

●仕事はできなくともいい、人に好かれる人間になろう

どんな業種でもそうだが、仕事本来のスキルというのは、それほど重要視されないものである。

では、何が重要かというと、人間関係のうまさだ。これが業種を問わずに必要とされるスキルであると思う。

一部の芸術家や職人などは、ほとんど人に関わらず仕事ができるのかもしれない。だが、大多数の人にとっては、人とうまく付き合いながらでなければ、どんな仕事もできない。「自分一人で」というわけにはいかないのだ。

私は、文筆家であるが、文章だけ書ければ仕事ができるのかというと、そんなことはない。本を書くためには、何よりも編集者に気に入られなければならない。気に入らない著者と仕事をしたいと思う編

集者などいないのが当然であり、どれだけ編集者に好かれるかが、作家としての勝負の分かれ目である。

私は、これっぽっちも文才のない人間であるが、これまで多くの出版社から200冊以上の本を刊行させてもらってきた。どうして、そんなにたくさん仕事をさせてもらえるかというと、私はいつでもニコニコしているからである。冗談を言って、編集者を笑わせることを生きがいとしているからである。必要とあれば、太鼓持ちでも喜んでやれる人間だからである。

そういう気持ちのよさがあれば、仕事はうまくいく。

これは、どの業種でも同じようなものではないだろうか。

アカデミックな世界でも、実際の研究や業績うんぬんではなくて、教授に気に入られることが出世につながるとはよく言われることである。

ニューキャッスル大学のロバート・ジンコは、看護師や、パブ店員、希少本を修復する仕事の職人などを対象にした調査を行っているが、自分を好きにならせるのが得意な人、人間関係を築くのがうまい人ほど、社内でもよい評判が得られ、しかもストレスを感じにくくなることを明らかにしている。

仕事のストレスの8割は、人間関係。

だから、人間関係さえうまくやっていれば、仕事のストレスはほぼなくなるのである。

仕事をうまくやるためにも、そしてストレスを感じないためにも、できるだけ人付き合いに気を配らなければならない。逆にいうと、人付き合いさえやっていれば、仕事などほどほどでもかまわないのである。

気弱な人は、時として、仕事に逃げ込む。

「仕事だけやっていれば、周囲の人となんて、しゃべらなくたっていいんだ」

と自分を納得させるわけである。

けれども、その発想は違う。

むしろ、仕事などやらなくてもいいから、

もっと人と交わることを考えなければダメなのである。**いったん仕事に逃げ込むと、ますます仕事に逃げ込むことになり、それだけ人付き合いができなくなる。**そうではなくて、仕事は放っておいても、人付き合いは欠かしてはならない。

50

暗示は、最低3回かける

●「努力は成果につながる」と強く念じる

努力をすることがムダだと考えていたら、努力するのがバカバカしくなる。逆に、「努力は決して人を裏切らないんだ」と強く信じていれば、努力をするのが楽しくなる。なにしろ、努力すればするほど、成功する見込みが高くなるのだから。

どうせ努力をするのなら、必ず成果につながるのだと信じよう。

カナダにあるマニトバ大学のグレゴリー・ボーズは、１２６名の大学生に「努力は成果につながるのだ」と強く自分に暗示をかけるトレーニングを受けさせた。**すると、トレーニング受講後に、学業面での努力をするようになり、成績はよくなったそうである。**

では、どうすれば自分にうまく暗示をかけられるのか。

それには、〝くり返し〟しかない。

暗示というのは、一回くらいつぶやくだけではうまくいかないのだ。くり返し、くり返し、何度も言い聞かせることで、はじめて効果が出てくるのである。ヒマをみつけたら、そのたびに「自分がやっていることはムダではない。絶対に自分にとっての血肉になっている」と暗示をかけよう。

ケント州立大学のマリア・ザラゴザは、暗示をかけないとき、1回だけ暗示をかけたときと、3回の暗示をかけたときの効果を比較しているが、回数が多くなるほど、暗示効果が高まることを突き止めている。

1回だけつぶやいてみて、「ほら、やっぱり暗示なんて効果がないよ」と諦めないでほしい。暗示というのは、やればやるほど効果的なのだから。

それほどおいしくない食べ物でも、「おいしい」「うまい」と声に出しながら食べていると、不思議なことに、おいしく感じられてくるものである。

そのとき、1回だけ「おいしい」と口にするのではなく、ひと口食べるごとに声を出すと、なおさら効果的だ。

私たちの脳みそは、私たちが考えていること、口に出していることによってだまされる傾向がある。

「おいしい」と口に出していると、脳みそは、「これはおいしい食べ物なんだ」と認識するようになり、実際に、おいしさを感じさせてくれるようになるのである。暗示がなぜ効果的なのかというと、脳みそをだますからだ。

どんな努力をするときもそうだが、成果につながらないと思えば、バカバカしくてやっていられない。

けれども、努力をしなければ何事も成し遂げられないのだから、根気よくやろう。

そのためには、まず「努力は自分を裏切らない」と信じ込むことが先決である。

51

「才能」のせいにしない

●失敗は「能力不足」でなく、「努力不足」

仕事がうまくいかなかったときにも、自分をイジメる必要はない。

「私は、もともと才能がないから」

「私は、この仕事に向いていないから」

などと考えるのではなく、「単なる努力不足だな。もうちょっと頑張れば、次こそうまくいくぞ」と思うようにするのがコツである。

〝失敗した〟という事実は変えられないが、自分がその事実をどう思うのかという認知を変えることはできる。これを「認知的再構築法」という。

失敗したときには、「自分に実力がない」からではなく、「ちょっと遊びすぎちゃったな。これじゃうまくいくわけがないよ。もっと頑張ればよかったんだ」と考えるようにしよう。そうやって認知を変えれば、自分イジメをしなくともすむし、将来的に努力しようという意欲にもつながる。

米国イリノイ大学のキャロル・ドウェックは、学習に問題がある8歳から13歳までの子どもに対して、認知を変えるような指導をしてみた。

学習のできない子どもは、できないことをすぐに自分の能力に結びつけて考えがちだ。

「僕は、頭が悪いから」

「どうせ覚えられないから」

と考える傾向があるのだが、ドウェックは、2名の教師に頼んで、彼らがそういう考えをするたびに、「キミは頭が悪いんじゃないよ。ただの努力不足だよ」と考えるようにうまく誘導してもらった。

先生から、「キミができないのは、努力不足」と何度も指導された子どもたちは、次第にそのように考えるようになり、努力をいとわなくなったという。そして、努力

しているので、当然、学力のほうも伸びていったそうだ。

すぐに能力とか、才能などに結びつけてはならない。

みなさんが仕事でうまくいかないのは、才能がないからではない。努力不足である。努力していないから、うまくいかない。当たり前の話である。

「いや、努力はしているんですよ。ちゃんとやってますよ」

と頬を膨らませて文句を言う人がいらっしゃるかもしれないが、努力は「する」だけではダメなのである。人の何倍もしなければならないのだ。人と同じ努力をしていても、それは努力とはいわない。**人と同じことをやっていたら、人に抜きんでることはできない。人並み以上にやって、はじめて努力という。**

みなさんは、毎日頑張って8時間も働いているつもりなのであろう。

だが、8時間の労働は、だれだってやっているのである。別に自慢するようなことではなく、それは人並みというのだ。

エジソンは、65歳のときに「私は、1日に18時間働きます。そういう生活を、もう45年間もつづけているのです」と語ったという。エジソンが発明王になれたのは、頭がよかったからではなく、人の2倍以上も働いたからなのだ。

エジソンは、だれからも「天才」扱いされたが、「天才というのは99％が努力」と言い切っている。私と同じく、18時間も仕事をしていたら、だれだってうまくいくよ、とエジソンは言いたかったのであろう。

52

ライバルをつくる

●ライバルが生む「ラビット効果」

自分と実力が伯仲《はくちゅう》している、あるいは同レベルの人を自分のライバルとしよう。

ライバルがいると、人は手を抜けなくなる。実力が同じくらいの人間に負けるのが何となく悔しいと思うからである。もしかなり実力差があると、最初から「負けるのは当然」ということになり、やる気も出ない。だから、なるべく実力差のない相手を選んで、自分のライバルとしよう。

できれば、ほんのちょっとだけ自分より実力が上の人がよい。

そういうライバルを作ると、やる気も出てくる。

短距離走のタイムを計るとき、自分より少しだけ速い相手と併走すると、なぜかタイムが縮まる。これを「ラビット効果」と呼ぶ。馬の調教などでも、併せ馬といって、速い馬と走らせることがある。

ライバルがいると、やる気は出る。

だから、自分なりにライバルを決めて、「あいつにだけは、負けないぞ！」という気持ちを引き出そう。

インディアナ大学のジョン・サマーズによると、積極性や、自己主張性と、競争意欲には関連があるらしい。

何事にも積極的な人は、競争意欲も高いのである。

やる気がない人は、競争意欲もない。

「自分は、どうせ負けるから勝負なんてしたくない」と最初から勝負の土俵を下りているのである。そういう人は、何に対しても熱くなれない。


自分の競争意欲を引っ張り出すためには、ライバルを作ればいいのだ。


できれば、同じ職場の、2～3年くらい先輩の人をライバルにしよう。そういうライバルがいると、仕事にも張りが出て、やる気が湧いてくるはずである。

受験勉強をするとき、一人だけで勉強していると、ちっともやる気が出てこないが、同じクラスにライバルがいると、俄然やる気が出てくる、ということはよくある。そういう人物と切磋琢磨《せっさたくま》しながら、自分を磨こう。

気が弱いみなさんは、あまり他人と競争したくないと思っているかもしれないが、そう思っているから、いつまでも気の弱さが直らないのだ。

別に面と向かって、ライバル宣言などしなくてもよい。

心の中で、こっそりとライバルを決め、「あの人には負けない」と決意するだけならば、相手にも迷惑をかけないし、気の弱い人でもできるのではないかと思われる。

ライバルがいるのといないのとでは、やる気に段違いの差が出る。
自分のちょっと前を走っている人を目標にすると、自然にその人についていこうとするものだ。

自分にとっての「ラビット」を見つけよう。

そういう人に負けない気持ちで頑張れば、みなさんはいつの間にかレベルアップしているだろう。

53

メンターの行動をマネする

●モデル（師匠）を作ろう

ライバルを作るのでなく、自分にとっての先生、あるいは師匠となるモデルを作るのもよいアイデアだ。

「いつかは、自分も○○さんみたいになりたい」という憧れがあれば、その人になるべく近づこうという気持ちが高まるからである。

バルセロナ五輪・柔道の金メダリストであり、五輪に3回も出場した吉田秀彦選手は、「平成の三四郎」といわれた古賀選手に憧れ、ソウル五輪のときは、古賀選手の付き人として帯同した。

吉田選手は、古賀選手の真似をし、当時、古賀選手が無精《ぶしょう》ひげを生やしていたので、彼もひげを伸ばしたりと外見の真似から入り、試合前のリラックス法や畳に向かう歩き方なども徹底的に真似したという。そうやって、柔道の実力を高めたのだ。

気弱な自分を直したいのなら、ものすごく強い人のマネをしよう。


その人は、どんな話し方をしているだろうか。

その人は、どんな歩き方をしているだろうか。

その人は、いつもどんな仕事ぶりをしているだろうか。


そういうことを、じっくりと近くで観察し、そのままの言動を真似するのである。力強い歩き方、力強い話し方など、モデルがやっていることをそのまま真似するようにすれば、みなさんも同じような人間になることができる。

アイオワ州立大学のフランク・グレシャムは、引きこもりの小学生を対象に、彼らに人気者の子どものビデオを観察させた。

3週間にわたるビデオでの観察学習をさせたところ、彼らも人気者と同じような言動ができるようになり、結果として、彼ら自身も人気者になることができたという。

私たちは、モデルとなる人物のことを3週間くらい観察し、真似するようにすれば、その人と同じようなことが自分もできるようになるのである。これを心理学では、「モデリング効果」と呼んでいる。

身近なところにモデルがいないのなら、有名人でもいい。

たとえば、「松岡修造さんのように熱い男になりたい」というのなら、松岡修造さんが出ているテレビ番組を片っぱしから録画し、それを何度も再生してじっくりと観察するのである。鏡を見ながら、松岡さんのセリフを、身振り、手振りを交えて話す訓練をしていれば、みなさん自身も〝熱い男〟になることができよう。

最近の子どもは、「尊敬する人は?」と聞かれても、「別にいない」などと冷めた答えをするらしいが、それではダメである。

「私は、〇〇さんのようになりたい!」というモデルが明確化されていなければ、モデリング効果は発揮されない。

だれでもいいというわけではないが、目標となるモデルを一人くらいは作っておこう。

モデルがいなければ、目標に向かってまい進しようという意欲も、持ちようがない。

Column 5

できるだけゆっくり動く

落語家のうまい下手は、高座（舞台）にあがる物腰ひとつでわかるという話を聞いたことがある。舞台の袖から歩いてくる。座布団に座る。深々と頭を下げる。そのしぐさが、うまい落語家ほどゆっくりと見えるという。

自分を大物に見せたいなら、ゆっくり動くことだ。ひとつひとつの動作を、ゆっくりにすると、物腰が落ち着いた、大物のイメージを振りまくことができるからである。

せかせかしていると、小物のように見える。大物は、少々のことでは動じない「重み」があるのである。そして、「重み」や「貫録」を見せたいのなら、動作をゆっくりにすればよいのだ。

相撲の横綱は、幕下の力士に比べると、やはり落ち着きがある。歩き方も、のっし、のっしという感じで、いかにも強そうだし、土俵にあがるときにもゆっくりである。そういう動きで、すでに相手を威圧する。

カナダ・ヨーク大学のピーター・ワクサーは、指先をさかんに動かしたり、目をキョロキョロさせたりしていると、「神経質そう」「不安を感じている」などというイメージを与えることを実験的に確認している。

身体が小刻みに動いていると、そういうイメージを与えてしまうのである。

大物っぽく見られたいのなら、余計な動きをしないことだ。

また、ワクサーによると、「まばたきが頻繁」すぎるのも、弱々しいイメージ、不安そうなイメージを与えるという。

私は、本書の他のところで、「まばたきはゆっくりやれ」というアドバイスもしているが、まばたきをゆっくりすることは、自分の心を落ち着かせるだけでなく、見る人にもプラスのイメージを与えるのである。

お茶やコーヒーに口をつけるときにも、できるだけゆっくり啜《すす》るようにする。そういうしぐさは、老けて見えると思われるかもしれないが、落ち着いて見えるのである。食事のときにも、ゆっくり口に運んだほうが大物っぽく見える。

動きが機敏だと、若々しく見えるので、そういうイメージを与えたいのなら、動きを速くしてもよいが、大物っぽく見せたいのであれば、できるだけ強そうなイメージを与えるために、全部の動作をゆっくりさせたほうがいいのである。

Part 6

“ビビリ”を利用せよ!

54

「気の弱さ」を逆手にとる

●気の弱さは〝美徳〟である

これまでの各章では、気の弱さを克服し、図太い神経を手に入れるための心理テクニックをご紹介してきた。

けれども、最後にひとつだけ注意しておくべきことは、「そもそも〝気が弱い〟ことって、そんなに悪いことなのか？」ということである。気が弱い人は、だいたい例外なく、性格がまじめで、潔癖《けっぺき》で、神経がこまかい。

「もっと強く押すんだよ！」と他の人に要求されると、強く押すよりも先に、相手への迷惑を考えてしまう。ようするに、非常に〝いい人〟なのである。

気が弱い人は、気が弱いことがコンプレックスなのかもしれないが、**ちょっと見方を変えれば、全然問題がないどころか、むしろ美徳に溢れた人だとさ**

えいえる。

「私は、気が弱くてイヤだ」

と、読者のみなさんは思うかもしれない。

だがしかし、そんなみなさんのことを、「あの人は、根が優しくて好き」と評価してくれる人だって、現実にはたくさんいる。

もしみなさんが、気の弱さを克服し、グイグイ自己主張を押しつけるような人間へと変化したら、どうなるか。ひょっとすると、ものすごくイヤな人間へと変わってしまうかもしれない。当然、周囲の人にも嫌われてしまう可能性が大だ。

モジモジしていて、自己主張ができないことを苦にして、アサーション・トレーニング（自己主張トレーニング）のセミナーに参加する人は多い。

しかし、おかしなトレーニングを受けて、いきなり性格が豹変し、ものすごくイヤな人間に変わってしまうこともある、という危険を知っておかなければならない。

「あの人って、なんだか、前のほうがよかったよね」などと言われないようにするために、まず本当に自分の気の弱さが問題なのかを十分に考えてみる必要がある。

人前で意見を述べることが、必ずしもプラスかというと、そんなことはない。

むしろ、意見を言えずにモジモジしている姿をアピールしたほうが、「控え目で好ましい」「雄弁な人より、ずっと信用できる」と思ってもらえることはよくある。

本書では、「気の弱さ」を克服するための心理テクニックをご紹介してきたが、必要に応じて、「気の弱いままの自分」をアピールしたほうが好意を持たれることもある、ということはくれぐれも注意しておきたい。

55

あえて「気弱アピール」をする勇気

●気が弱い人ほど、実際には、好かれる

気が弱くて悩んでいる人は多いと思うのだが、心理学の論文を読んでいると、「そういう人のほうが、かえって好かれる」という結果を示したものが少なくない。

たとえば、恋愛において。

ペラペラと、おしゃべりする人より、きちんと相手の話を聞いてあげる人のほうが、異性には好かれることが明らかにされている。**おしゃべりな人間は、しゃべっている自分は楽しいのかもしれないが、他の人には煙たがられてしまうのである。**

また、ビジネスにおいても、マシンガンのように話しまくる人より、相手の話にきちんと耳を傾けよう、という人のほうがお客に好かれる。

イースタン・ケンタッキー大学のローズマリー・

ラムゼイは、最近、自動車を購入したお客500名を対象にして、「どうして買うことを決めたんですか？」と尋ねてみた。すると、「セールスマンが、私の話をしっかりと聞いてくれたから」ということが一番の決め手になっていることが判明したという。

気が弱い人は、たしかに話がうまくないかもしれない。言いたいことがうまく伝えられず、歯がゆい思いをしたり、恥ずかしい目に遭ったりすることもあるだろう。

だがしかし、そんなみなさんだからこそ、かえって好感をもたれる、ということもあるのだということは、きちんと認識しておいてほしい。

大切なのは「使いわけ」である。

かくいう私は、仕事の時には、「パワープレイ」（強そうな自分の演出）を使うこともあるが、基本的には、気が弱くて、人の好《よ》いところをアピールするようにしている。

そのほうが親しみを感じてもらえるし、仕事もうまくいくことを経験的に学んだからである。

企業の経営者たちは、

「自分の意見も言えないような人材はいらない」

「うちは、イエスマンは、いらない」

と口をそろえて言う。

多くのビジネス誌や書籍にも、そんなことが書かれていたりする。

しかし、本当のところはどうなのか。私は、気が弱いままでもいいと思うし、むしろ積極的に気の弱さをアピールしたほうがいいときもあると思う。そういう場面は、現実にはけっこう多いのである。

強気な自分を演出するのもいいだろう。

しかし、それにしてもケース・バイ・ケースであることは覚えておいてほしい。

56

コンプレックスを活かす方法

●コンプレックスがあるから、頑張れる

気が弱いことにコンプレックスを感じる人は多いが、私は、少しくらい劣等感を持っていたほうがいいと思う。なぜなら、劣等感があるほうが、それを克服してやろうという努力が生まれてくるからだ。

「私は気が弱い」

「私は内気すぎる」

そう思えばこそ、それを克服するために、プレゼンテーションやスピーチの技術を磨こうとしたり、派手なパフォーマンスを身につけようという努力をするのではないだろうか。

もし劣等感がなかったら、そもそも自分を改善しようとは思わないはずで、そういう人は現状維持のまま、自分を伸ばすことをしない。

雄弁家のデモストネスは自分の吃音《きつおん》を恥じてい

た。そのため、それを克服する過程で雄弁家になったのである。

イギリスの名宰相と呼ばれたチャーチルは自分がブサイクであることのコンプレックスに苛《さいな》まれた。そのため、魅力的な演出ができるように努力をしたという。

中途半端に気が強いのであれば、いっそのこと、気が弱くて、強烈なコンプレックスを感じていたほうがいいのではないかと思う。なぜなら、コンプレックスの度合いが大きいほど、それを乗り越えようという意欲も湧いてくるものだからだ。

心理学では、劣等感が強ければ、強いほど、それを補うための努力をすることが知られている。これを「補償」という。

「俺は、頭が悪い」

というコンプレックスがあればこそ、人よりもたくさん読書をしたり、教養を身につけようとして、かえって知的な人間になれる。

「私は、病弱だ」

と思えばこそ、病気に打ち勝つための運動をしたりして、立派な身体を手に入れることができる、ということもあるだろう。

美のカリスマと呼ばれるＩＫＫＯさんは、『超オンナ磨き』（アスコム）という本の中で、「中途半端な美人は、美人に胡坐《あぐら》をかいて、おばさんになっていくのに対して、コンプレックスがある女の子のほうが努力を欠かさないので絶対に魅力的になれる」と述べている。

気が弱くてもいいのだ。

気が弱いからこそ、人の何倍も努力できるのであり、努力を欠かさなければ、だれよりも遠い地平にまでたどり着けるのだ、と思っていればよい。徹底的にコンプレックスを感じている人のほうが、自己改善できるのである。

57

「リーダーシップ」はかえって有害

●「強烈なリーダーシップ」は必要ない

気が弱いことは、読者のみなさんが考えているほど、そんなに悪いものではない。

読者のみなさんは、強烈なリーダーシップが必要だと考えているのであろう。

たとえば、上司になったり、班長になったり、プロジェクトのリーダーをまかされるようになると、部下を掌握《しょうあく》するためにリーダーシップが必要になる、と考えていらっしゃるのではないか、と思う。

しかし、そういう「強いリーダーシップ」が、本当に必要なのかどうかは、いったん立ち止まって考えることをおススメしたい。**なぜなら、「リーダーシップはかえって有害」ということもあるからである。**

南カリフォルニア大学のウォーレン・ベニスは、

「リーダーシップの終焉」と題する論文を発表し、強烈なリーダーシップなど有害でしかないと述べている。

ベニスは、その例として、スターリン、ヒトラー、ナポレオン、毛沢東などを挙げているのだが、強いリーダーは、我が強すぎて、おかしな方向に突き進んでしまうこともあるという。

ベニスは、好ましいリーダー像として、部下を尊重し、大切にし、信頼を維持しつつ、親密な連合関係を築くことができる、という特徴を挙げている。そういうリーダーこそ、これからの時代にはふさわしい、とベニスは指摘している。

翻《ひるがえ》って、気の弱い人について考えてみると、彼らは、独善的に物事を進めるということはないし（できないし）、人の話はきちんと聞く。つまりは、ベニスの指摘する「理想のリーダー」になりうる可能性を秘めているわけである。

気の弱い人は、一部の経営者に見られるような、ワンマンぶりを発揮することなどない。

なぜなら、彼らは気が弱いので、人の話はよく聞くからである。彼らは、ワンマンぶりを発揮できないので、かえってリーダーとしては好都合、ということもあるのではないだろうか。

米国ペンシルバニア州にあるドレクセル大学のクリスチャン・レーシックはメジャーリーグの1903年から2002年までの約100年分のCEO（75名）の記録を調べた。

すると、強烈なリーダーシップを発揮するCEOの下では、たしかに球場にやってくる入場者数などが増え、利益も出るという一面があったが、彼らのワンマンぶりに愛想をつかしてマネジャークラスがどんどん辞めていき、球団の勝率は下がってしまう、という悪

い一面もあったという。

強いリーダーシップが必ずしもよい、というわけではない。むしろ、「リーダーシップがない」という人のほうが、よいリーダーになれることさえあるのだ、ということは覚えておいたほうよいであろう。

58

手塚治虫も気弱だった

●気が弱いからこそ、向いている職業だってある

マンガの神様と呼ばれる手塚治虫さんは、小さな頃には体が弱くて、泣き虫だった。しかも天然パーマのもじゃもじゃ頭、近視のため大きなメガネをかけていたので、かっこうのいじめのターゲットだったという。

手塚さんは、気が弱かったので、あまり人付き合いを好まなかった。そのぶん、自分の好きなマンガ・アニメの世界に没頭できたという。

たしかに、世の中には、気の強さが向いている職業というのはある。

営業では、多少、気が強いくらいでなければ、よい成績を残すことはできないであろう。外資系やグローバル系の企業でも、気が強くなければやっていけない、ということはあるかもしれない。

では、気が弱い人は、どんな分野にも適性がないかというと、そんなこともない。手塚治虫さんが、マンガの世界で大成功したように、**気が弱い人にこそ向いている職業というのがあるはずだ。そちらの分野で自分の才能を発揮すればいい**のである。

自分に向いていないところで頑張っても、そもそも向いていないのだから、ムリがある。一日や二日くらいなら頑張れるかもしれないが、ずっとはムリである。

その点、気の弱い人に向いている仕事を選べば、仕事はラクになるし、成功する見込みも高くなるのではないだろうか。

気が弱い人は、もともと競争に向いていないのだから、あまり殺気立った雰囲気の会社は合わない。

のんびりとマイペースで仕事をさせてもらえる会社がよいであろう。研究職のように、黙々と自分のペースで仕事をするのも向いている。あまりガツガツと仕事ができないので、他人と競争しないでもすむような仕事がよい。

気が弱い人は、コミュニケーション能力も低い傾向があるので、高い社交性が求められる仕事などは向いていない。

もちろん、社交性を磨くつもりがあるのなら、気の弱さを少なからず克服することもできる。克服したいと思うのなら、あえて社交性が求められる状況に自分自身を投げ込んでみるのもいいだろう。

フィンランドにあるヘルシンキ大学のマージャ・カリオプスカによると、気が弱い人は、「他人への気配りや配慮」の能力が高いということであるから、介護士やカウンセラー、社会福祉士などにも適性があるかもしれない。

気が弱いと、どんな仕事もできないかというと、それは違う。気が弱いからこそ、向いている仕事、向いている職場、というのが必ずあるはずであり、それを見つけることが先決だ。

大切なのは、まず〝自分の土俵〟を見つけることである。そして、自分の土俵を見つけたら、そこでだけ勝負をすることだ。

そうすれば、気が弱いことが幸いしてうまくいく見込みが高くなるであろう。

59

「気配り能力」の高さを活かす

●気弱な人ほど、人に「やさしく」できる

気弱な人は、自分が気弱である、ということをマイナスの観点からしか見ていない。

けれども、今まで見てきたように、気弱なことは、必ずしもマイナスではない。

さらに気弱な人の美点を挙げるなら、「人にやさしい」ということも付け加えてよいであろう。気弱な人は、決して自分の意見を相手に押しつけたりはしない。気弱な人は、とてもやさしい人柄の人間なのである。

カリフォルニア大学のマシー・フェインバーグは、10枚のコインを2人で分け合う、という実験をしたことがある。

すると、気が弱い人、内気な人、恥ずかしがり屋ほど、自分より他人に多くコインを分配するのを好

んだという。10枚のコインを5枚ずつ分け合うのではなくて、自分が3枚、相手に7枚というような分配を好んだのである。

気が弱い人は、常に相手の立場で考える。

「こんなことを言ったら、不愉快になるだろうな」と思えばこそ、彼らは口をつぐんで、余計なことを言わないのである。だから気が弱いと言われるのであるが、裏を返せば、他人にものすごく親切で、やさしく、思いやりがある、ということでもある。

気が強い人は、他人がどう感じようが、おかまいなしだ。

彼らは、自分のことにしか興味がないので、他人の気持ちなど配慮しない。そのため、彼らはひどく独善的で、不親切である。

気が弱い人は、他人の目が気になって、自分のやりたいこともやれないし、言いたいことも言えない、と思われているのだが、それは違うと思う。

彼らは他人への〝気配り能力〟が高すぎるだけなのである。それは人間としての美徳でさえある。

気が強い人は、自分の意見を一方的に押しつける。

「私は、これがいいと思うので、これをやってくれ」

という具合だ。

その点、気が弱い人は、決してそういうことをしない。必ず相手の立場を慮《おもんぱか》って、

「私は、これがいいと思うんだけど、あなたはどう?」

と、相手にも意見を尋ねる。そういう親切なところが、気の弱い人にはあるのである。

恋愛本を読むと、

「女性は、グイグイと引っ張ってくれるような〝頼りがいのある、男らしい人〟が好きなんです」

などと書かれていたりするが、本当なのだろうか。

たしかにそういうところもあるかもしれないが、あまり「男らしすぎる」のも、かえって煙たいように思われるのだが。

気が弱いことは、決してマイナスではなく、むしろ「親切な人柄」のあらわれだと考えよう。そうすれば気が弱い自分を無意味に責めたりしなくなる。

60

目標は小さければ小さいほどいい

●大きすぎる目標を持たない

クラーク博士は、「少年よ、大志を抱け」という有名な言葉を残した。大きな目標を持つのはいいことだ、というのである。

けれども、どんなに頑張っても、手が届かないほど大きな目標を持つのはどうなのか。

そんな目標を持ったばかりに、その目標をかなえることができない自分を、つまらない存在だと思ってしまうのではないだろうか。

目標が大きすぎると、プレッシャーも大きくなる。

しかも、もともとの目標が高いので、なかなか到達できず、焦ることになる。これでは、楽しく努力もできなくなる。到達できないのは、自分が無能だからだ、などと自分をイジメたりしてしまう。

目標は、小さなほうがいい。

なぜかというと、小さな目標を、ポンポンとクリアしていくのは、簡単であるし、成功すればするほど、自信にもつながるからである。

人間が、一番自信がつくのは、成功体験を通してである。

だから、目標はできるだけ小さなものにし、成功するという経験を積み重ねることが重要なのである。気弱なみなさんは、そんなに大それた目標を持たなくていい。むしろ、小さいほうがいいのである。

オーストラリアにあるニュー・サウス・ウェールズ大学のロバート・ウッドは、目標は小さくて、到達可能なときに、やる気を高めると述べている。大きな目標、困難な目標は、やる気を高めないのである。

お正月の書初めで、新年の誓いなどを立てても、たいてい失敗するのは、新年を迎えて気持ちが浮かれており、達成不可能な目標を立ててしまうからだ。もっと現実的に、小さな目標を立てておけばいいのに、お正月気分で書初めなどをするからいけないのである。

大きな目標を立てても、どうせ達成できない。

いや、達成できないだけならいいのだが、

「自分は何をやらせてもダメだ」

「自分は飽きっぽくて、根性なしだ」

などと自己嫌悪に陥ってしまう。これでは、何のために目標を立てたのかわからない。自分イジメのために、わざわざ目標を立てているようなものである。

クラーク博士には悪いが、「大志」ではなく、「小志」を抱こう。そのほうが、成功体験を積み重ねることができ、もっと自分に自信が持てるようになる。

ドイツの名将ロンメル将軍は、新兵を育てるために、初戦は必ず勝てる相手を選んだと伝えられている。

「勝ちの味」を覚えさせれば、兵士はさらに強くなっていくからだ。闘犬の強い「戦士」を育てるためには、「かませ犬」と勝負させて何度も勝利を味わわせるという話を聞いたことがあるが、人間もそうで、勝てない勝負ばかりしていたら、だれだってイヤになってしまうのだ。

61

自分に「期待」させない

●期待などしないように頼んでおく

人に期待されることほど、迷惑なことはない。なまじ期待などをされると、その期待に応えなければならないような義務感が発生し、頑張らざるを得なくなるからである。そういうプレッシャーがあると、人間は委縮するに決まっている。

小さな頃から、両親に「うちは医者の家系だからな。お前も医者になるんだぞ！」と言いつづけられた子どもがいるとしよう。その子どもは、両親の期待に応えるために、必死に勉強しなければならない。何年もそんな状況におかれたら、性格がゆがんでしまうかもしれない。

他人からのプレッシャーなどないほうがいい。

もし上司から、「お前には期待してるぞ」と言われたら、「いえ、期待なさらないでください。僕は、自分のできることしかできませんし、期待などされるとかえって力が発揮できなくなってしまいます」と笑って断っておこう。

上司はたぶん驚くであろうが、そういうことをきちんと断っておくことは非常に大切なことだと思う。

周囲のプレッシャーがなければ、私たちは、のびのびと力が出せるのである。

英国トットンン大学のマット・ジャーヴィスは、『スポーツ心理学入門』（新曜社）の中で、プレッシャーがパフォーマンスをダメにすると述べている。コーチや監督が過大な期待をかけると、選手は力が出なくなってしまうのである。

1998年のワールドカップにおいて、ブラジルには他のチームより大きなプレッシャーがかけられた。その前のアメリカ大会の優勝国であり、「今度もまたブラジルが優勝だろう」と世界中が思っていたからである。その重圧のせいだけとは言わないが、ブラジルは優勝を逃して準優勝だった。

対照的だったのはクロアチアで、だれもクロアチアに期待しなかったので、準決勝まで勝ち進むことができた。

親に期待されている子どもは、

「いや、期待なんかしなくていいよ。僕はそんなに立派になれないよ」

と断っておいたほうが気楽であろう。

上司や社長から期待されている人もそうで、期待などしないようにあらかじめ、

「僕には期待なんかしないでくださいね」

と断っておいたほうがいい。

期待してもらったほうが私は気分がいい、という人もいるであろう。自分がそういうタイプだと思うのなら、期待してもらってもかまわないが、期待が負担になるというのなら、期待などしないようにと伝えておいたほうがいいのである。

Column 6

細かいことで、目くじらを立てない

少々のことは、何でも大目に見てあげるといい。


「すみません、ちょっとコピーがズレちゃったんですけど」

「ああ、そんなの気にするな」

「すみません、また失敗してしまいました」

「ああ、いいよ、いいよ。お疲れさん。次に頑張ってくれよ」

「すみません、○○さんの机にお茶をこぼしちゃいまして」

「ああ、お茶くらい大丈夫。気にすんな」


このように、何でも大目に見てあげるようにすると、どうなるか。おそらく、みなさんは、周囲の人たちから、かなりの大物だ、器の大きな人間だと評価されるようになるに違いない。細かいことを、チクチクと指摘するような人間は、小さな人間だと思われてしまうからである。

世の中には、つまらないことに対して神経質な人がいる。

せっかく好意で淹《い》れてくれたお茶に対して、熱すぎるとか、ぬるすぎるとか、内容さえわかればよい書類なのに、誤字がどうの、脱字がどうの、といちいち文句を言うような人である。そういう人は、自分では気づいていないのかもしれないが、小さな人間だと思われているものである。

大物は、細かいことにはこだわらない。

フランスにあるクロード・バーナード大学のソフィー・カノヴァスは、17歳から34歳の男性プロサッカー選手に対して、6つのシチュエーションを説明し、ファールかどうかを判断させた。

すると、ベテラン選手は、経験の浅い選手よりも、ファールに寛容であることが明らかにされたという。経験の浅い選手は、ちょっとした接触でも、目くじらを立てて怒るのに、ベテランになってくると、鷹揚《おうよう》に構えるというか、「まあ、いいか」と大目に見てやることが多かったのである。

大物は、小さなことで、いちいち腹を立てたりはしない。「そういうものだ」と割り切って、許してあげるのである。だからこそ、大物なわけである。

さだまさしさんは、アメリカで自動車を運転中に、うっかり前の車にぶつけてしまったことがあるという。本人は怒られることを覚悟したが、降りてきた前の自動車の運転手は、チラッとバンパーを見て、「これくらい大丈夫。気にするな」と一言だけ言い残して立ち去ったそうである。その後ろ姿が、とても格好がよかったので、さださんも、いつか自分が車をぶつけられたときには、同じことをしようと心に決めたそうだ。

小さなことは、許してあげられる人間になろう。

いや、大きなことでさえ、水に流してあげられるような人間になれば、みなさんはタダモノではない人間だと評価されるようになるはずだ。

おわりに

気弱な人間に、「もっと強い心を持て」などとアドバイスしても、何の意味もない。なぜなら、そんなことができるわけがないからである。

にもかかわらず、数多くの自己啓発書を読んでいると、平気でその種のアドバイスをしているものが多い。ムリなことをやれ、と言われてもできるわけがないのに。

たしかに、気弱な性格は、決して直せないわけではない。

本書でも、心を強くするためのヒントを数多くアドバイスしてきたつもりだ。けれども、実際に心を強くするのは、かなり困難な作業なのだということを最後にもう一度だけ指摘しておきたい。私たちにできるのは、せいぜい、精一杯、「強がってみせる」ことだけである。

ところが、「強がってみせて」いると、周囲の人は、みなさんのことを「強い人間」だと勘違いしてくれることも少なくなく、現実には、それで十分であるように思われる。私自身、非常に気が弱くて、ノミの心臓の持ち主であるが、できるだけ強そうなイメージを振りまくようにしているせいで、「内藤先生は、豪胆な人」「堂々としている人」などと思われることも少なくない。本当は演技をしているだけなのだが、けっこう何とかごまかせるものである。

Part 6では、「気の弱さは本当に直すべきなのか?」ということも、ちょっぴり論じてみた。気が弱いことは、決してマイナスではなく、むしろ愛すべき美点だと私は考えている。気が強いほうが絶対にいい、というわけではなく、気が弱いからいい、ということもある。そういうことを読者のみなさまにも考えてほしかったのである。

さて、本書の執筆にあたっては、大和書房編集部の林陽一さんにお世話になった。

この場を借りてお礼を申し上げる。「僕のような気弱な人間でも、強くなれる方法を教えてください!」と林さんにお願いされたのだが、私自身、もともと気弱な人間であるために、「強くなれる方法」ではなく、「強そうに見える方法」「強がる方法」が中心になってしまったような気がする。ともあれ、本書が非常によい本になっているのは、林さんのおかげである。

最後に、読者のみなさまにもお礼を申し上げたい。本当にありがとうございました。また、どこかでお目にかかりましょう。

内藤誼人

参考文献

Arms, R. L., Russell, G. W., & Sandilands, M. L. 1979 Effects on the hostility of spectators of viewing aggressive sports. Social Psychology Quarterly ,42, 275-279.

Astrom, J. 1994 Introductory greeting behavior: A laboratory investigation of approaching and closing salutation phases. Perceptual and Motor Skills ,79, 863-897.

Barbato, G., Piemontese, S., & Pastorello, G. 2007 Seasonal changes in mood and creative activity among eminent Italian writers. Psychological Reports ,101, 771-777.

Bennis, W. 1999 The end of leadership: Exemplary leadership is impossible without full inclusion, initiatives, and cooperation of followers. Organizational Dynamics ,28, 71-79.

Berry, D. S. 1992 Vocal types and stereotypes: Joint effects of vocal attractiveness and vocal maturity on person perception. Journal of Nonverbal Behavior ,16, 41-54.

Boese, G. D. B., Stewart, T. L., Perry, R. P., & Hamm, J. M. 2013 Assisting failure-prone individuals to navigate achievement transitions using a cognitive motivation treatment(attributional retraining). Journal of Applied Social Psychology ,43, 1946-1955.

Brinol, P., Petty, R. E., & Wagner, B. 2009 Body posture effects on self-evaluation: A self-validation approach. European Journal of Social Psychology ,39, 1053-1064.

Brooks, C. I., Church, M. A., & Fraser, L. 1986 Effects of duration of eye contact on judgments of personality characteristics. Journal of Social Psychology ,126, 71-78.

Burak, L. J., Rosenthal, M., & Richardson, K. 2013 Examining attitudes, beliefs, and intentions regarding the use of exercise as punishment in physical education and sport: An application of the theory of reasoned action. Journal of Applied Social Psychology ,43, 1436-1445.

Burgoon, J. K., Manusov, V., Mineo, P., & Hale, J. L. 1985 Effects of gaze on hiring, credibility, attraction and relational message interpretation. Journal of Nonverbal Behavior ,9, 133-146.

Canovas, S., Reynes, E., Ferrand, C., Pantaleon, N., & Long, T. 2008 Types of errors by referees and perceptions of injustice by soccer players: A preliminary study. Psychological Reports ,102, 99-110.

Carney, D. R., Hall, J. A., & LeBeau, L. S. 2005 Beliefs about the nonverbal expression of social power. Journal of Nonverbal Behavior ,29, 105-123.

Chaplin, W. F., Phillips, J. B., Brown, J. D., Clanton, N. R., & Stein, J. L. 2000 Handshaking, gender, personality, and first impressions. Journal of Personality and Social Psychology ,79, 110-117.

Crust, L., & Clough, P. J. 2005 Relationship between mental toughness and physical endurance. Perceptual and Motor Skills ,100, 192-194.

Delinsky, S. S. 2005 Cosmetic surgery: A common and accepted form of self-improvement. Journal of Applied Social Psychology ,35, 2012-2028.

Dijksterhuis, A., & van Olden, Z. 2006 On the benefits of thinking unconsciously: Unconscious thought can increase post-choice satisfaction. Journal of Experimental Social Psychology ,42, 627-631.

Duval, T. S., & Silvia, P. J. 2002 Self-awareness, probability of improvement, and the self-serving bias. Journal of Personality and Social Psychology ,82, 49-61.

Dweck, C. S. 1975 The role of expectations and attributions in the alleviation of learned helplessness. Journal of Personality and Social Psychology ,31, 674-685.

Edmunds, J., Ntoumanis, N., & Duda, J. L. 2006 A test of self-determination theory in the exercise domain. Journal of Applied Social Psychology ,36, 2240-2265.

Feinberg, M., Willer, R., & Keltner, D. 2012 Flustered and faithful: Embarrassment as a signal of prosociality. Journal of Personality and Social Psychology ,102, 81-97.

Forsythe, S. M. 1990 Effect of applicant's clothing on interviewer's decision to hire. Journal of Applied Social Psychology ,20, 1579-1595.

Gresham, F. M., & Nagle, R. J. 1980 Social skills: Training with children: Responsiveness to modeling and coaching as a function of peer orientation. Journal of Consulting and Clinical Psychology ,48, 718-729.

Haring, M., Hewitt, P. L., & Flett, G. L. 2003 Perfectionism, coping, and quality of intimate relationships. Journal of Marriage and Family ,65, 143-158.

Hill, R. A., & Barton, R. A. 2005 Red enhances human performance in contests. Nature , 435, 293.

Kalliopuska, M. 2008 Personality variables related to shyness. Psychological Reports ,102, 40-42.

Kappas, A., Hess, U., Barr, C. L., & Kleck, R. E. 1994 Angle of regard: The effect of vertical viewing angle on the perception of facial expressions. Journal of Nonverbal Behavior ,18, 263-283.

Keating, C. F., & Doyle, J. 2002 The faces of desirable mates and dates contain mixed social status cues. Journal of Experimental Social Psychology ,38, 414-424.

Kelly, J. A., Kern, J. M., Kirkley, B. G., Patterson, J. N., & Keane, T. M. 1980 Reactions to assertive versus unassertive behavior: Differential effects for males and females and implications for assertiveness training. Behavior Therapy ,11, 670-682.

Kudo, K., Park, H., Kay, B. A., & Turvey, M. 2006 Environmental coupling modulates the attractors of rhythmic coordination. Journal of Experimental Psychology: Human Perception and Performance ,32, 599-609.

Lammers, J., Stoker, J. I., & Stapel, D. K. 2010 Power and behavioral approach orientation in existing power relations and the mediating effect of income. European Journal of Social Psychology ,40, 543-551.
Magee, J. C. 2009 Seeing power in action: The role of deliberation, implementation, and action in inferences of power. Journal of Experimental Social Psychology ,45, 1-14.
Magee, J. C., Galinski, A. D., & Gruenfeld, D. H. 2007 Power, propensity to negotiate, and moving first in competitive interactions. Personality and Social Psychology Bulletin ,33, 200-212.
Mignault, A., & Chaudhuri, A. 2003 The many faces of a natural face: Head tilt and perception of dominance and emotion. Journal of Nonverbal Behavior ,27, 111-132.
Montepare, J. M., & Zebrowitz-McArthur, L. 1988 Impressions of people created by age-related qualities of their gaits. Journal of Personality and Social Psychology ,55, 547-556.
Muraven, M., Tice, D. M., & Baumeister, R. F. 1998 Self-control as limited resource: Regulatory depletion patterns. Journal of Personality and Social Psychology ,74, 774-789.
Natale, M., Entin, E., & Jaffe, J. 1979 Vocal interruptions in dyadic communication as a function of speech and social anxiety. Journal of Personality and Social Psychology ,37, 865-873.
Palmer, L. K. 1995 Effects of a walking program on a attributional style, depression, and self-esteem in women. Psychological Reports ,81, 891-898.
Patterson, M. L., & Sechrest, L. B. 1970 Interpersonal distance and impression formation. Journal of Personality ,38, 161-166.
Ramsey, R. P., & Sohi, R. S. 1997 Listening to your customers: The impact of perceived salesperson listening behavior on relationship outcomes. Journal of Academy of Marketing Science ,25, 127-137.
Resick, C. J., Whitman, D. S., Weingarden, S. M., & Hiller, N. J. 2009 The bright-side and dark side of

CEO personality: Examining core self-evaluations, narcissism, transformational leadership, and strategic influence. Journal of Applied Psychology ,94, 1365-1381.

Righetti, F., & Finkenauer, C. 2011 If you are able to control yourself, I will trust you: The role of perceived self-control in interpersonal trust. Journal of Personality and Social Psychology ,100, 874-886.

Roberts, T. A., & Arefi-Afshar, Y. 2007 Not all who stand tall are proud: Gender differences in the proprioceptive effects of upright posture. Cognition and Emotion ,21, 714-727.

Ruva, C. L., & Bryant, J. B. 2004 The impact of age, speech style, and question form on perceptions of witness credibility and trial outcome. Journal of Applied Social Psychology ,34, 1919-1944.

Schippers, M. C., & Van Lange, P. A. M. 2006 The psychological benefits of superstitious rituals in top sport: A study among top sportspersons. Journal of Applied Social Psychology ,36, 2532-2553.

Schubert, T. W., & Koole, S. L. 2009 The embodied self: Making a fist enhances men's power-related self-conceptions. Journal of Experimental Social Psychology ,45, 828-834.

Sherwood, D. E. 1988 Effect of bandwidth knowledge of results on movement consistency. Perceptual and Motor Skills ,66, 535-542.

Sparks, J. R., & Areni, C. S. 2008 Style versus substance: Multiple roles of language power in persuasion. Journal of Applied Social Psychology ,38, 37-60.

Summers, J. O. 1970 The identity of women's clothing fashion opinion leaders. Journal of Marketing Research ,7, 178-185.

Thompson, T., Mason, B., & Montgomery, I. 1999 Worry and defensive pessimism: A test of two intervention strategies. Behavior Change ,16, 246-258.

Want, S. C., Vickers, K., & Amos, J. 2009 The influence of television programs on appearance satisfaction: Making and mitigating social comparisons to 〝Friends〟. Sex Roles ,60, 642-655.

Waxer, P. H. 1977 Nonverbal cues for anxiety: An examination of emotional leakage. Journal of Abnormal Psychology ,86, 306-314.

Wood, R. E., Mento, A. J., & Locke, E. A. 1987 Task complexity as a moderator of goal effects: A meta-analysis. Journal of Applied Psychology ,72, 416-425.

Worringham, C. J., & Messick, D. M. 1983 Social facilitation of running: An unobtrusive study. Journal of Social Psychology ,121, 23-29.

Zaragoza, M. S., & Mitchell, K. J. 1996 Repeated exposure to suggestion and the creation of false memories. Psychological Science ,7, 294-300.

Zinko, R. 2013 A continued examination of the inverse relationship between political skill and strain reactions: Exploring reputation as a mediating factor. Journal of Applied Social Psychology ,43, 1750-1759.

Zurbriggen, E. L. 2011 Implicit motives and sexual conservatism as predictors of sexual behaviors. Journal of Social Psychology ,151, 535-555.

内藤誼人（ないとう・よしひと）
心理学者。立正大学客員教授。慶應義塾大学大学院社会学研究科博士課程修了。アンギルド代表取締役。社会心理学の知見をベースに、ビジネスを中心とした実践的分野への応用に力を注ぐ心理学系アクティビスト。趣味は手品、昆虫採集、ガーデニング。
主な著書に『人間関係を超「思いどおり」にする 究極の読心術』（大和書房）、『ものすごい! モテ方』『なぜ、マツコ・デラックスは言いたい放題でも人に好かれるのか?』（廣済堂出版）など多数。
著書は200冊を超える。

本作品は小社より二〇一四年七月に刊行されました。

だいわ文庫

ビビらない技法《ぎほう》
やさしいあなたが打《う》たれ強《づよ》くなる心理術《しんりじゅつ》

著者 内藤誼人《ないとうよしひと》

二〇一八年一月一五日第一刷発行
二〇一九年六月二〇日第七刷発行

発行者 佐藤 靖
発行所 大和《だいわ》書房
東京都文京区関口一―三三―四 〒一一二―〇〇一四
電話 〇三―三二〇三―四五一一

フォーマットデザイン 鈴木成一デザイン室
本文デザイン 松好那名(matt's work)
本文印刷 信毎書籍印刷
カバー印刷 山一印刷
製本 ナショナル製本

ISBN978-4-479-30687-0

http://www.daiwashobo.co.jp